100人の女性が語った!

もっと一緒にいたい 大人の男の会話術

言葉に
艶がある人になら、
口説かれてもいい

潮凪洋介 Yosuke Shionagi

青春出版社

はじめに

人生は「人間関係」で決まる。

成功も失敗も、幸も不幸も、その多くを**人間関係**が運んでくる。

親子関係、友達関係、職場の人々との関係、取引先との関係、異性との関係――私たちの人生は「誰とどんな人間関係を構築するか」によってほぼ決定づけられる。

そしてこの「人間関係」を支配する最も重要なポイントがある。

それが「**距離感**」である。

人間関係は「距離感」が9割――そう言っても過言ではない。

人との距離の取り方が上手な人は、仕事も恋愛も結婚も友人関係もすべてうまくいき、その逆に、距離の取り方が下手な人は、すべてが裏目に出て、悶々とした日々を強いられる。


人との距離は、遠すぎても、近すぎてもいけないのである。

昨今、とくに女性との距離の取り方に悩む男性が増殖している。多くの男性が、女性との「距離の詰め方」に悩み、結局、消極的な道を選んでいる。

社会のルールを守らなければならない――

非常識であってはならない――

女性に不快な思いをさせてはいけない――

そんな思いが女性との男女関係を消極的にしている。

セクハラにならずに、あるいは自分が傷つかずに女性と良い仲になれる「媚薬」が存在したならどんなに楽なことか――それは現代に生きる男性の多くの願いなのかもしれない。

そんなふうに一度でも思ったことがある方は、本書を紐解き、読み、実際に活用してみるといい。本書に従って言葉を発するだけで、あなたと意中の女性は、まるで互いに催眠術をかけあったような疑似恋愛状態へといざなわれる。ファンタジー状態のなかで恍惚の時間を過ごすことができるのである。

大人の距離感を保ちながらの恋愛催眠状態――

本書の効能を、そのように表現するのがふさわしい。

本書は次のような男性あるいは女性に読んで頂きたい本である。

・仕事の話しかできずに〝自分はつまらない男〟だと思っている方
・性格が固すぎて女性と柔らかい時間を過ごすのが苦手な方
・好きな女性がいるが、告白することなく上手に好意を伝えたい方
・仕事場で不真面目な噂を立てずに女性とプライベートな関係になりたい方
・自由な恋愛生活をもっと活性化させたい方
・男の色気をもっと強化したい方
・友達以上、恋人未満の異性仲間をつくりたい方
・女性をほのかに発情させたい方
・女性から男として必要とされたい方
・セクハラと思われずに女性と艶やかな関係になりたい方
・第二の人生で新しい恋を楽しみたい方

今の日本では、多くの大人の男が「恋愛」に対して自粛ムードとなっている。「セクハラ」や「トラブル」が恐ろしくて、素直に女性に好意の1つも投げかけられない。コンプライアンスに縛られ、ますます男達は草食化している。一方、そんな殿方に物足りなさを感じ、フラストレーションを溜める一方の女性達。本来、もっと恋愛行動は自由でなければならない。しかし、その理想を実現するには、もはや殿方全員が「セクハラにならない恋愛アプローチ法」を学ばなければいけない時代となった。

本書ではその「セクハラにならずに喜ばれたフレーズ」と「セクハラになってしまう境界線」を**女性の証言**をもとに紹介している。

本書は、20代から60代あるいはそれ以上の世代の方々が対象である。ゴールとする男女の関係は様々。本命の恋人同士、結婚を前提とした交際、互いを縛りあわない自由な恋愛関係、友人以上恋人未満、恋の予感のするビジネスパートナー、恋バナ仲間、心を癒しあう関係など――これらすべての「男女の艶やかな関係」を構築するために活用していただきたい。適度な距離で、ゆるやかな恋のスパーリングをしながら、フェロモン交換を楽しんでいただければ幸いである。

潮凪洋介

目次

2章　大人の男の色言葉
――紳士の距離感で、悩艶《のうえん》フレーズを投げかける

3章 大人の男の艶言葉
——恋人の距離で魔性フレーズを投げかける

4章 女性が欲する〝色気薫り立つ男〟になる
――言葉にできないデザイアを言語化する

カバー写真…木村優光／ＰＩＸＴＡ（ピクスタ）
本文デザイン…浦郷和美　本文ＤＴＰ…森の印刷屋

1章

告白も口説きもしないのに、女性が惚れる会話術とは

——1秒を永遠に変える言葉の媚薬

艶談が人を恋する生き物に変える

忙しく仕事をこなすだけの日々。自分が単なる〝ビジネスマシン〟のように思えてしまう虚しい1日の終わり。ただ仕事をこなし、金を消費し、五欲を満たすだけの、タンパク質と脂肪の塊の生命体。そんな生ける屍《しかばね》状態のあなたを「恋する生き物」へと変身させ、バイタルのみずみずしさを整えてくれるおまじない——**それが大人の男の会話、〝艶談《つやだん》〟**である。

そもそも言葉などというものは単なる空気の塊にすぎない。しかしこの空気の塊、声という音の振動を駆使するだけで、女性の恋愛願望、デザイア＝欲望に火をつけることができる。それだけではない。あなた自身がホモサピエンスのオスとして、〝心身の発情タイム〟を堪能することができる。なぜそんなことが可能になるのか？

それは人間が〝受けた言葉〟によって、心を動かし、思考や行動、言動までも、その言葉の影響によって変えてしまう生き物だからである。言葉により恋をし、身を委ね、心を預け、結婚までも決断してしまう習性を持つ。言葉が生命を作り、子孫をつなぎ、人類の進化を司るといっても過言ではない。

ただ、だからといって、理性なしに女性の心の状態も考えずにセクシャルな言葉や、独りよがりな口説き文句を投げかけ、ボディコミュニケーションを突如しかければ、大変なことになる。女性を傷つけ、不快を押し付け、さらにはセクハラ事件になりかねない。

艶談は女性に心地良い周波数で届けられなければならない。

正しい艶談を身につけるだけであなたは自分を恋する生き物に変えることができる。それは生まれて来た目的の1つであり、生命体の完全燃焼を叶えるものでもある。恋する生き物になってみないか？　あなたは必ず生まれてきたことに感謝する日々を得ることができるはずだ。

悩ましいシーンが浮かぶ〝艶麗《えんれい》な言葉〟のギフト

艶談とは単なる恋愛を実現させるための口説き文句ではない。単なるエロティシズムの表現とも異なる。あくまで、それは「理性の器」の上に盛られなければならない。ついでに言えば、抑制の中で奏でられるからこそ艶談は〝美しき悩ましさ〟を醸《かも》すのである。

多くの大人の男はビジネスシーンにおいて、あるいはビジネスを離れた場所であってもコンプライアンスからは逃れられない。フリーや中小企業のオーナー社長など一見自由に見える人こそ気を付けないといけない。守ってくれる組織はないのだから。

くれぐれも理性の器の上に、常にコンプライアンスを意識しながら、悩ましく胸を焦がしながら、漏れ出た言葉を、これまた、きれいに編集して女性に届けなければならない。

ただ単にエロい言葉や、〝情熱的な愛の言葉〟を女性に暴投し続けることなどは、艶談の流儀には反する。そうであってはいけない。大人の男が抑制の中で、絞り出した情愛の片鱗を、男性に微量の好意を抱く女性が敏感にキャッチする。そこからは女性主導で、あるいは五分五分のキャッチボールで艶時間が構成されてゆく。その間、女性も抑制のなかで、想像を膨らまし悩ましい時間を過ごす。この〝苦み〟こそが艶談の妙味と言える。

語り合った後に、目を閉じるだけで、何度も艶談シーンとフレーズを思い起こすことができるか？

それが本物の艶談ができているかどうかのジャッジとなる。「はじまってはいない」あるいは「カテゴリー」が明確になっていない関係――この距離感があってこそ艶談はもっとも輝く。艶談には距離が必要であり、その距離が悩ましさを助長するのである。

それはすなわち「時」を止めて相手に潜るということ

現代人は忙しい。とくに日本人は社外の人間関係を根こそぎはがされても気づかない。自分の人間性や感性、友達、恋愛につながる出会いなどを根こそぎ引きはがされたまま、日々を過ごす。

忙しい毎日、仕事をこなし、成果を出し、メリットをつくり出し、対価を得て実績と信用を得る日々。その**多忙さのなかで、多くの人が〝男女の艶〟を感じる瞬間を見逃してしまう**。

艶談があなたの時を止めてくれる。時を止め、今自分が何のために生きているのか丁寧にかみしめることができる。

なぜそんなことが言えるのか？

艶談は相手女性の10秒を100分の1にコマ送りし、それぞれを1枚の絵画のように把握し、自分の心がどう動き、相手が自分の目に、心にいかに映っているのかをフォーカスして実況中継する行為だからである。時間を止めなければ、それは難しい。瞬間、瞬間の自分の心模様を編集して言語化する作業であり、まさに瞬間を切り取った後、何十秒も止まって詩を制作するのに似ている。まるで時が止まったように相手との情景が丁寧に心に刻まれる。忙しい時の体感時間とは全く異なるのである。

「忙しすぎて記憶がない。この数年、思い出がない」

艶談が、その病的な心の状態に終止符を打ち、丁寧に自分を生きることを実現してくれる。

会うだけ、見るだけ、思うだけで心ざわめき、ときめき、時を止めて相手に深く潜ることができる。この艶談の時間で沢山の思い出を胸に刻んでいただきたい。一瞬一瞬が思い出となり、今年の心のアルバムに刻まれる。このことがきちんと生きる、丁寧に生きる、心動かして生きる、ドキドキして生きることにつながる。

高揚しながらも相手を感じ取ることに集中することで心の中がカラフルに色めき続けるのである。

「言葉にするのが怖いコトバ」をあえて言葉にしたもの――それが艶談

艶談は一歩間違えば人生の損失を招いてしまう〝危険な言葉〟ともいえる。もし女性に不快感を感じさせれば「セクハラ」「パワハラ」の容疑者となってしまう。天国と地獄、諸刃の剣といっても過言ではない。そういった意味で「言葉にするのが怖いコトバ」をあえて言葉にしたもの――それが艶談とも言える。

ではどうすれば天国となり、どう間違えば地獄行きとなってしまうのだろうか？

それはズバリ、女性が心地よくなる方向に持ってゆけるかどうかのみ。心地よくなくとも、少なくとも「不快に感じさせない」ことが肝心である。

「女性から見て男性側が魅力的であるということ」「女性から見て好みの男性であること」「女性から見て嫌悪感を抱かせない存在であること」が重要だ。

「そうは言っても女性の好みは人それぞれでは？」

もしあなたが本気でそう思っているならば、艶談によって事故を起こす可能性は高いかもしれない。

女性の好みはそれぞれだが、**「誰からも好まれる男」「多くの女性から好まれる男」「半数の女性には好まれる男」「好まれるのは半数以下」「あまり好まれない」「大多数の人には好まれない男」に男性は分けられる**ということだ。

ファッション・靴・小物・ヘアスタイル・体形・清潔感・物腰・話し方・話題・声・表情などがそれらを左右する。生まれながらイケメンでないよりは、イケメンのほうが良いが、実はそこはあまり関係ない。**生き方の法則性が作り出した「雰囲気」のほうが大切**となる。そして最後に**「艶談のセンス」**である。

女性に少なくとも不快感を感じさせてはいけない。もっとも安全なのは「艶談など仕掛けない」ということだ。どうするかはあなた次第だ。オスとしての冒険に出るか？　それとも事故の確率をゼロにするためにそれを放棄するか？　すべてはあなたの決断にかかっている。

半径1メートルで楽しめる楽園旅行（パラダイストリップ）

目の前の魅力的な女性と今すぐに旅行に行きたいと思っても、実際はその夢は簡単には叶わない。実際には旅行になど行かないほうが好ましい場合もある。大人はそう簡単に誘ってはいけないし、誘うべきではないのである。

しかし、艶談をすれば、それをしたその場所で「楽園旅行」が可能になる。まるで空を舞うような気分でロマンの旅をすることができる。

女性に艶談を仕掛け、女性から「あなたも魅力的ですよ」という言葉が返ってきた瞬間、空想のストーリーが加速する。「この人は誘えば近場ならば付き合ってくれそうだ」という想像もふくらんでゆく。映画かもしれないし、片道1時間で行ける海辺のレストランかもしれない。この瞬間、空想楽園旅行の火蓋は切って落とされる。

艶談は刹那《せつな》なものだから、確約された未来はない。しかし、相手があなたに微量の好意を抱いていて、艶談によってそれに火が付き、相手が艶フレーズを返した瞬間、近未来に向けてのイマジネーションが互いの中ではじまる。誰でも、相手からの艶やかな言葉のその先に、さまざまな未来を想像してしまうのだ。心が体から抜け出して、宙を舞い、まるで旅行しているような気分になる。

ここでぜひ、小旅行の「たら、れば話」をしてほしい。

「○○に行ったらどうなるんだろう？　△△は？　××は？」そのように想像し、言葉にする。この**タブーとも言えるロマンを互いに言語化することこそ「艶談による楽園旅行」**の醍醐味である。

「行きましょうね」「いいですね」

実際は行けないもどかしさ——この**後味を味わってみる**。大人の恋においてはリスクを最小限に留めることも必要なのだ。その先どうするかは2人の自己責任である。

親しくなってはいけない男女のための「秘密の架け橋」

仕事関係のしがらみがあり、恋愛関係になるべきではない相手や、互いにパートナーがいる状態。そんな相手に魅力を感じてしまい、気持ちを抑えきれない。この状況下、明確な男女の関係を急がずに、ほのかな恋の感覚が味わえるのが艶談の魅力である。

立場や縛りがなければ結ばれたかもしれないのに、日の目をみずに消え行く恋の種は数えきれない。

艶語《つやご》は〝親しくなりすぎてはいけない男女〟が互いの立場を超えてつながるための橋渡し、ブリッジフレーズの役割を果たす。

これが何を意味するか？

人生における人々の後悔を減らす役割があるということだ。

自制心さえあれば、一線を越えずに、誰に言い訳することなく、しっかり恋の味を噛み締め、後悔なく生涯を送ることができる。自由に誰かを好きになり、自由に心を泳がすことができるのだ。

親しくなりすぎてはいけない相手に対し、直接的に求愛をしてしまうと、今の日本では、あの人は節操がない、マナーや常識がない、そしてセクハラの疑いがある、と言われ、噂が立てば仕事の信頼は失墜し、会社ならば出世街道は閉ざされる。そんな時代だからこそ、直接的に強引な手法で女性を押し切るような手法をとらない、この艶談が有効なのだ。艶談が「立場」の枠と「心」の鎖をなきものにしてくれる。

女性をほのかに発情させ、疑似恋愛の心境になるのを待ち、女性主導で、あるいはすくなくとも五分五分の綱引きで、微量な恋心をかわし合うのである。

あなたにも「立場」に邪魔されて、素直な気持ちで距離を縮められない相手がいないだろうか？

ちょっと思い浮かべてみてほしい。きっと何人かの顔が思い浮かぶはずである。

そんな相手に抱く気持ちをなかったことにして生涯を終えるか？　気持ちを小出しにして、抑制のなかでロマンを描き、疑似恋愛を楽しむか？　あるいはそこから大人の情愛がはじまり、人生に感動の刻印を残すか？

どうするかはあなた次第である。

100の恋をテイスティングできるフリーパスを持っておく

世の中にはさまざまな恋愛嗜好《しこう》の人がいる。「一途な人」「同時に何人も愛せる人」「誰にも縛られたくない人」など……である。

しかし、基本的にオスのDNAには、少しでも多くの種をばらまきたいという本能がある。そういう本能を持ち合わせてはいるが、倫理観による抑制で本能にフタをするのである。

だが、誰も傷付けず、何からも咎められないとしたならば、あなたはどうするだろうか？

もちろん本命のパートナーがいる人もいるだろう。男の場合は、他の女性に複数、ほのかな恋愛感情を抱いたからといって、本命への愛情が薄れるとは限らない。むしろ、本命女性だけでは得られなかった満足が得られ、心が安定し、その結果、本命女性に寛大に対応できるようになるケースもある。

多少のわがままにも応じられる余裕が身につくのだ。他の女性を少しずつ好きになっている時のほうが、本命女性を愛おしく思えるケースすらある。

いろいろな女性と至近距離で向き合ってみて「やっぱり本命女性が一番好き」であるということに気づき、本命への愛を強めるという話もよくある。ある意味、長年連れ添ったパートナーとの関係良好化のために、外での分散恋愛は役立つこともある。


もしも100の恋を〝テイスティング〟できる方法があったら？

しかも誰も傷付けず、悪者にもならずに、適度にそれを楽しめたら？

あらゆる方向から考えて、人生における幸福度は増幅する。

艶談の技術を身につければ、あなたも100の恋をテイスティングすることができてしまう。

「トラブルにならないのか？」

もちろんハニートラップまでは防げないかもしれない。しかし、強引な手口だったり、しつこくストーカーまがいのアプローチをしたり、あるいは職権を濫用しての圧迫感のある口説きによる事故は防げる。

独身の方にとっては、たった数人の出会いのなかで将来の伴侶や、家族になる人、一緒に人の親になる相手を決めてしまうという「危うい生き方」を克服できる。女性に慣れるトレーニングを積みながら、人生を楽しみ、ベストチョイスの女性を選ぶ選択幅を持つことができるのである。いいことずくめなことは言うまでもない。

疑似恋愛回路と感動回路のハザマをくすぐる言霊がある

世の中にはいろいろな種類の色男がいる。夜の街、大人が集まるバーやクラブで出会い、そのまま女性と良い仲になる40代、50代。もちろんキャバクラなどのサービスの活用ではなく、有料の関係ではない。本当にモテる男性達である。

女性の恋愛ニーズも恋愛、結婚、遊びの対象といったようにさまざまだが、この場合は「遊び」ということになる。この手の百戦錬磨の男性曰く**「口説く男はモテない」**のだそうだ。理由は口説くことによって女性が構えてしまうから。腰に手を回すこともせずに、ハイタッチをしたり、仲間モードで肩に手をやるという。スポーティなストロークだ。もちろん出会った店内で恋人同士のようなライトなスキンシップがとられる場合もある。さらには恋バナや一般的な際どいセクシャルトークを経たその結果、その日のうちにお泊まりもある。

艶談も広義では口説きではある。

しかし、その日のうちにお泊まりするとしても、ホテルに行きますか？　とは聞かない。前まで行き、様子をうかがう。もちろん入るのかどうかは女性が選ぶ。いつでも女性が断れる状態をつくる。

艶談は単なる勢い余った欲望解消といった関係ではなく、情緒的なコミュニケーションを楽しむのが流儀である。

女性の発情回路と感動回路を程よくくすぐり、そのあとは女性に任せる。互いの心と体のシルエットを透視しあいながらも寸止めをする。

艶談が人の心も身体もハダカにし、抑制のなかで相思溺愛の機会をつくる。最終的に艶談の先にフィジカルな関係となる場合もあるが、大人の男は決して四六時中強引に女性を誘うことはない――疑似恋愛回路と発情回路のハザマで〝くすぐりあう〟、それが艶談なのである。

2章

大人の男の色言葉

——紳士の距離感で、悩艶《のうえん》フレーズを投げかける

其の一◆「え？　そうなの」

恋人の距離　5センチの魔力

艶談川柳「おおげさに、顔面接近、リアクション」

■艶フレーズ実況中継

昔からの知り合いで、最近二人で会うようになった彼が、「え？　そうなの〜」っていきなり顔を5センチくらいまで近づけてきて、「ちょっと近いでしょ？」と言ったら、「あ、ごめんごめん」と椅子を70センチ以上離して座りました。「いや、遠いでしょ？」と言ったら、今度はグッと椅子を近づけ、最初よりも近い位置に座ってきました（笑）。

■女性の証言解釈

横並びのカウンターの場合、多くは時間をかけて間合いを詰めるのがオーソドックススタイル。〝距離詰め〟はモデラート（緩やかに）である。

この殿方の場合、お酒のせいにしながら悪ふざけモードのスイッチを一気に入れている。会食スタート1〜2時間で、エイやっと、いきなりタテノリなシーンを繰り出す。出会ったばかりの相手もいいが、長年友達同士の関係であり、それを壊したいときにも功を奏しそう。女性が「驚かせないでよ」と突っ込んできたら、「え？　驚かせたのはどっちだよ？」とボケ返しするのもいい。顔面5センチ――完全に恋人の距離である。

さて、女性の感想は次のとおり。

「憎めなくてそのままの距離で話しました。まったくこっちに触れてこないのに、触れられているのと同じくらいのドキドキ感もあって、まだ二人では2回しか会っていないけれど端から見たら完全にカップルに見えますよね。イケメンだったので真近顔も美しかった……」

〝紳士的じゃないけど憎めない〟そう感じさせるのがポイントである。

■するべからず　～艶談とセクハラの境界線～

ポイントとなるのが「カウンターへの横座り」。正面に座るとうまくいかない。相手の性格や距離感を考えないとセクハラにもなりかねないので注意が必要だ。まじめな人なら顔面距離を30センチはあけたほうがいい。

其の二◇「俺を口説いてるつもり?」

真顔の演技で悪ふざけ求愛

艶談川柳

「口説きなの?　言いがかりからの〝惚れたかも〟」

■艶フレーズ実況中継

プライベートで出会って3回目の彼と食事中のこと。彼が仕事熱心だったので褒めたら突然「ゆり」と下の名前を呼んできて、「俺を口説いてるつもり？　そんなことしたら好きになるよ？」と真顔に。「ちがうちがう、そういう意味じゃないから（笑）」って言い返しながらも、その後も褒めまくった結果、「俺もう、ゆりを好きになりかけてる……」でドキッ。

■女性の証言解釈

女性からの〝褒め〟は本気にしてはいけない。タテマエトークであり、常に上滑り感をまとうものだ。そのむなしい心の距離を、「口説いてるつもり？」とボケながら詰めるという艶談。

女性側に「もっと褒めてみたらどうなるんだろう？　私を好きになるのかしら？」と悪戯《いたずら》心を抱かす。「真剣風の〝俺好き？〟思い込みトーク」——これを〝ふざけ〟

ながら仕掛ける男性の〝なりすまし〟的ゆとり。このボケ会話の周波が二人の心をNAKED（丸裸）にする。

好意の交換で艶な関係になりたい――そんな、男性の本音が「悪ふざけ」の御旗を掲《かか》げながら女性の海馬に刺さる。「ふざけながら」も「好きになりかけている……」と迫る刹那《せつな》すぎる真顔演技。この戯れに女性は、〝もし恋〟のシミュレートを始める。脳内のドーパミンはこの〝疑似恋愛モード〟でも潤沢《じゅんたく》に噴出する。

■するべからず　～艶談とセクハラの境界線～

バカになれない男、バカになり切れない男、自分を普段から笑い飛ばせないキャラの男性がこれをやると取り返しのつかない〝シベリア寒気団〟を呼んでくる。自分のキャラがこれに合っているのか？　一度でも女性を呼び捨てにしたことがあるのか？しっかり過去の検証が必要だ。

其の三◇「ところでさ？　また綺麗になった？」

〝予想外のリズム〟を刻み、
翻弄させる

艶談川柳
「会話止め、また綺麗になった？　と覗き込む」

■艶フレーズ実況中継

前から好きだった男性と仕事の会話の途中、いきなり会話を分断して「ところでさ、また綺麗になった？」と顔を見られ髪に触れられ、あごに触れられました。見つめ返したら、「その綺麗な顔で見つめられたら、その気になっちゃうよ」。それで彼を見られなく……。

■女性の証言解釈

好意を持っている相手から至近距離でふいに覗《のぞ》き込まれ、髪とあごに触れられるというペース崩し。これにより、女性は嬉しくも激しい動揺を感じる。しかも「綺麗になった？」というストレートな褒《ほ》め言葉。さらに飲み込むように「綺麗な顔で見つめられたら、その気に〜」を目を見て言う大胆さ。この応酬に女性は催眠術にかかったように陥落する。

「瞬間的な間合い詰め」と「ストレート過ぎる大胆な言葉」など、すべてが予想だにしない〝型破りのストローク〟。これにより女性の「理性的思考回路」が崩壊し、たちどころに恋愛状態に引き込まれる。甘い言葉は〝リズムを壊しながら伝えること〟。そうしたほうが何倍も、心の襞《ひだ》への浸透率が上がるのである。

■するべからず　〜艶談とセクハラの境界線〜

相手からの好意のサインを必ず確認すること。相手からひんぱんな連絡、ボディタッチや酔って手を絡《から》めてくるなどのアクション。それらがないうちにこれをすると、髪に触ってあごに触るあたりからセクハラとなる。

其の四◆「家で◎◎のワインを飲みませんか？」

続きは自宅BARの〝試飲会〟で

艶談川柳
「家で飲む？　極上ワイン、君だけに」

■艶フレーズ実況中継

昔から知っている取引先の彼に、「今、家に◎◎のワインがあるんだけど、よかったら、ちょっと飲んでいかない?」って言われて、家に行きました。嫌な人じゃなかったから行きましたが、すこし距離が近い人になりました。

■女性の証言解釈

「家に来ない?」ではなく「レアもののワインがあるから」という女性が家に行きやすい言い訳を用意する。好意があれば家には行きたい。でも軽い女と思われたくない。「でもレアもののワインがあるなら……」そんなエクスキューズが心地いい。

あるいは本当にワイン好きな女性ならば、そのワインにお目にかかりたい一心で、迷いなく、警戒もせずに家に行く可能性も高い。今回の場合、女性が〝近しい距離になれた〟ことを悪く思っていない点で、有意義な誘いであったと言える。この先、たとえタダの友達止まりだとしても、人生が楽しくなることは間違いない。

▪するべからず　～艶談とセクハラの境界線～

女性がワインに本当に興味を持っているだけ。そうとは気づかずに家に入れた途端、あからさまに男女の関係を迫るのはルール違反。女性との信頼関係が壊れたり犯罪まがいの事件に発展することも。

この手の誘いの場合、できるだけゆとりをもってワインを嗜《たしな》み、ひとつ屋根の下の時間を楽しむだけに留めたい。それだけで十分秘密めいた艶やかな関係である。近くに座るなどはよい。適度に自然なスキンシップも許されるだろう。しかし突然の強引なアプローチや、女性が抑止している状況であるにもかかわらず〝しつこく〟迫るのは、ご法度である。

其の五◆「口説きたくなる佇まいなんですよ」

溢れ出る魅力を嗜《たしな》めながら褒める

艶談川柳

「罪な女（ひと）、ディスるついでに、恋始め」

■艶フレーズ実況中継

「あなたは自覚がないみたいですが、男が口説きたくなる佇《たたず》まいをしてますね」

■女性の証言解釈

女性の証言は次のとおり。

「純粋な男友達をもっと増やしたいんですよ……長続きしなくて……、と同僚男性に相談したら、その理由を見抜き、『あなたは自覚がないみたいですが、男が口説きたくなる佇まいをしてますね。だから友情が続かないんじゃ？』と言われ、さらに『目の前の男に勝手に恋させる……あなたはそんな悩ましい存在ですよ』とかぶせてきました。暗に彼もそう思っているメッセージとして受け取ったので、うれしくなりました」

〝口説かれすぎる女性の悩み〟に寄り添い、褒めながらディスり、ついでに思いを伝えるという筋書き。

「それはあなたのせいですから、仕方ないですよ」とはっきり伝えながら、その罪が誉れ高きものであることも自覚してもらう。「私に対しても罪な佇まい、ふるまい、色香を発していますからね……」という意も、はっきりと伝えている点がポイント。

■するべからず ～艶談とセクハラの境界線～

まだ人間関係ができていない状況でこれを言うと、ただのナンパ男になってしまうので注意。〝オオハズシ〟してしまう可能性あり。またフレーズが二枚目なので、ファッションなどの外見を整える必要がある。〝オッサンスーツ〟のまま酔った勢いで言ってはいけない。

其の六◇「みんな素敵だと思っています」

低セルフイメージからの救出の法則

艶談川柳

「我が気持ち、他者評価とともに、耳打ちす」

■艶フレーズ実況中継

「みんな◎◎さんのことを素敵な人だと思ってますよ。言わないだけ……。もちろん女性としてですよ。僕もそう思ってますから」と言われ、人としても女としても自信を取り戻せました。言ってくれた男性のことが気になり始めました。

■女性の証言解釈

女性の証言は次のとおり。

「自信をなくしていたときに社外のビジネスパートナーに言われた言葉がこれでした。みんなそう思っていますよ……に、すごく勇気づけられました。何より、〝僕もそう思っていますから〟の言葉が頭に残っていて、彼のことが気になり始めました。早く彼に近づき、自分も好意を伝えたいです。そうしないと誰かに取られてしまうんじゃないかと心配です。付き合う付き合わないは置いておき、彼ともっと深く語り合い、知り合いたいなと思っています。そうすることで自分のことをもっと知り、もっと自信を持てるようになるようにも思えます」

女性が恋に落ちた理由は、心の救助を、心をマッサージするような優しい言葉でおこなってくれたから。それは彼女にとって「愛をプレゼント」されたに等しい喜びとなった。さらには個人的な思いも告げられ、彼女は一気に生きる意味を取り戻すことができた。言葉が彼女の目に映る景色を変えた例である。

■するべからず
～艶談とセクハラの境界線～

「僕は素敵だと思っています」を何度も何度も言うのは避けておくべし。言うとしても1回。相手が好意を持っていれば、今度は相手からも何らかのアクションがあるはず。とくにビジネスアライアンス的な関係なので、仕事がやりにくくならないように注意をしたい。

其の七◆「終電ある？　なければ一緒にいるよ」

粛然と気配を消して紳士的に
ロックオン

艶談川柳

「オールナイト、粛として〝そばにいるよ〟」

▪艶フレーズ実況中継

飲み会の後、終電がなくなり、どうしようかなと思っていたときに、初対面の男性が「終電ある？　なければ一緒にいるよ」と声をかけてくれたので、朝まで話しました。

▪女性の証言解釈

「強引じゃない感じや気遣いが、ＹＥＳと言いやすい空気をつくってくれました」と女性。

基本、女性は、男性のアプローチから身を守ったり、逃げる本能がある。だから、これぐらいの〝それとなさ〟が女性の心の静穏を保つのに効果的。「もう1軒飲みに行こうよ」「知ってるバーに行こうか？」「うちで仮眠する？」なども良いが、行き先を特定せずに、より慈しみに満ちた「一緒にいるよ」の言葉のほうが、より女性にとっては飲み込みやすい。

また「あなたのいたいところならどこでもよいですよ」の意が伝わり、女性側に歩み寄った表現とも言える。やさしく包み込む空気を醸し出す「〝韻〟を含む言葉選び」が功を奏したケースである。

■するべからず ～艶談とセクハラの境界線～

終電を逃したからといって、〝鼻息荒く〟どうにかしようと、見え見えの誘いをするべからず。体をぐっと寄せたり、手をにぎったり、腰に手をまわすのも、女性の状況を見ずにおこなうのは危険である。一緒にいて語り合っているうちに徐々に安心できる関係が構築され、〝すべての可能性を含む〟安心感のある状態がつくられるのである。

其の八◇「出会って1か月記念だから……」

アニバーサリーフラワー
～記念日の一輪花～

艶談川柳
「バラ一本、未来に続く、小さな記念日」

■艶フレーズ実況中継

「今日は出会って1か月記念日だから、はいこれ」って帰り際に1本のバラを渡されました。憎いなあと、思いました。バラ1本200円くらいですけれど、掴まれてしまいました。

■女性の証言解釈

もらっても重すぎることのないプレゼントを毎回渡すという演出。花は身近に飾ることとなるが故に、常に視界に入り、会っていない時のリマインド効果がある。「◎◎して○○日記念」というアニバーサリー演出が微量のサブリミナル効果を蓄積し、彼女の心に自らの存在を刻印する。こうなると彼女は次なる花のセレモニーを期待する。積極的な女性なら、自分から「○○記念日」を設け、男性に1本の花をプレゼントしてくるやもしれない。

女性は男性が思うその何倍も〝花〟が好きである。花を贈られた時の〝幸福感〟は、男性の想像をはるかに超える。
プライベートルームにおいて視覚、嗅覚でジャックできる。あなたの代わりに花が彼女の懐に入り込み、語りかけてくれるのである。

■するべからず　～艶談とセクハラの境界線～

相手の気持ちを確認しないまま、バラの花束を毎回渡してはならない。相手からの気持ちがないにもかかわらず、過剰な愛情表現をすると、それが女性にとって大きなストレスとなる。その理由は明白。「花束攻撃」それ自体が一点賭けの真剣告白・真剣交際コースだからだ。

一か八かのシナリオは、ときに重い。高級な食事デートの頻繁な誘いも同様。受け止めきれない気持ちを持てあまし、女性に背中を向けさせてしまう。適度な距離で大人の関係を緩やかに育むほうがいい。まず花1本くらいを記念日に渡すくらいのほうがいい。

距離を置き、あらゆる可能性を想像させるのがポイントだ。

其の九◆「気をつけて……」

本心から〝愛しき人の守り人〟

艶談川柳

「車より、大切なのは、愛し君」

■艶フレーズ実況中継

二人で会うのは4回目の彼の新車に乗った時のこと。私が右扉を開けたら車が後ろからきて、驚いてドアを閉めました。すると「気をつけて……」と叱られてしまいました。新車のドアを壊したら申し訳ないと思っていたら、「私の体」を気遣ってのお叱りでした。

■女性の証言解釈

真相は「『扉飛んでっちゃうよね。ごめん、気をつけるよ』と言った直後、彼が怒って『違うよ！　ドアは吹き飛んでも替えられるからいいけど、君は一人しかいないんだから、気をつけて！』と言われ、グッときました」という展開。

女性が謙虚に自分を責めて反省したら、「もっと自分を大切にしないとダメじゃないか」という労《いたわ》りを受けたギャップ効果。人間はこういう時に人が出る。

たしかに車が壊れたら困るのではあるが、とっくに「保険でなんとでもなる」ことはわかっている。当然ながら彼女を気遣う人間性を持ち合わせている男が選ばれる。

もし、この逆の「車をどうしてくれるんだ発言」などをしていたなら？　今頃、悪い噂が千里を走り、この男性はあらゆる運を逃がしていたに違いない。

■するべからず　～艶談とセクハラの境界線～

相手を大切に思うことは重要。でも「君は一人しかいないのだから……」の説法を3分以上にわたり、あまり長々としつこく言うべからず。3分を超えた瞬間、メンタルのアンバランスさに対して女性が勘ぐり始める。短い言葉で言い切るからこそ、余韻に女性は感謝の気持ちを高鳴らせ、浸り、思いを馳《は》せるのである。

どんなに良いセリフでも、しつこければ、逆効果にしかならない――このことを覚えておいて損はない。

其の十◇「昔から一緒にいるみたいだね」

「過去接点示唆」により運命の暗示をかける

艶談川柳

「今までも、これからもずっと、いっしょだね」

■艶フレーズ実況中継

飲み会で出会ってから二人で会うのは3回目。気心も知れてきて、二人で居酒屋で悪ふざけ。「なんか昔から一緒にいるみたいだね」の彼のひと言で、心の距離がすごく近くなり、構えずに話せるようになりました。

■女性の証言解釈

女性の証言は次のとおり。

「出会ってから3回目とは言え、まだ互いを知って3か月。それなのに屈託なくバカ話もできて絶妙の意気投合。貴重な関係だなあ……この先も続けばいいなあ〜と思っていたら、『昔から一緒にいるみたいだね』のひと言。思わず運命を感じてしまいました。この先もいろんな時間をともにするんだろうなと思いました」

女性側が「運命めいた予感を薄々感じていた」が、それを察知して逆に自分から言葉にするという技。「昔から一緒」は一見重すぎるように思えてしまうが、実は受け手側からすると決して重い言葉ではない。仕事仲間、友達、兄弟、近所の人、恋人、妻、さまざまな形態の「一緒」があるからだ。この先も、どこに行くのも一緒、いつ呼び出されてもいい――、女性をそんな気にさせてしまうフレーズである。

▪するべからず ～艶談とセクハラの境界線～

前世などという言葉を使わずに、あくまで「昔からずっといる」という程度の表現に留めておくのが良い。あまり長い尺を使って、スピリチュアル的な話題にもっていくと突然避けられてしまう可能性もあるので要注意。運命めいた話題は15秒以内の短い尺で。

また、相手の女性があまり楽しんでいない、さらには腹の底から笑い転げているわけでもない、意気投合しているようには見えないときには使うべからず。「昔から一緒……」を押し付けると「どこが?」となり、「思い込みの激しい男」と思われてしまいかねない。注意が必要だ。

其の十一 ◇「みんなすれ違いざまにキミを見ている」

客観的エビデンスで褒め殺し

艶談川柳「二度見する、いい女だよと、褒め讃え」

▪艶フレーズ実況中継

一年前、飲み会で出会った彼と食事に行きました。「由美があまりに綺麗だから、すれ違いざまに皆見てるよ！　さっきのおじさんなんか振り返ってたし……（笑）」と道路を一緒に歩いている時に言われました。大げさに言っているのかもしれないけれど、嬉しくて浮かれてしまいました。

▪女性の証言解釈

胸の内を言葉にしない殿方が日本には多い。自分の言葉に酔いしれながら、少々大げさに声を張って口にする勇気を持ちたい。その先二人の関係に「責任が持てる持てない」という自問自答に足止めされるべからず。優れた芸術への感動を素直に口にするように、怖《お》めず臆せず言い切りたい。吹きぬける風になったようなつもりで、矢庭《やにわ》に言い切る。心に浮かんだ感嘆詞を0・5秒で艶語《つやご》に変換する。相手が真意を疑っていたら、何度でも口にしよう。何度でも。そのリピートが彼女の心を魅するのである。

■するべからず ～艶談とセクハラの境界線～

本当に思っていない時には、無理に言葉にしてはいけない。必ず相手にバレてしまう。バレた瞬間、取り返しのつかないシラケた空気になるので気をつけたい。

下心、あるいは損得勘定で言い放ったとたん、女性も何か様子がおかしいなと、警戒する。本当に思っていない場合、何度言ったとしてもその目は死んでいて、女性を傷つけるだけである。

其の十二◇「なんで夢にお前が出てくるんや？」

夢への出演報告で未来を醸す

艶談川柳

「もうすでに、夢に見るほど、惚れてます」

■艶フレーズ実況中継

二人で数回食事に行ったぐらいの関係の頃、このまま男友達なのかな？　と思っていたら、「なんで夢にお前が出てくるんや？（笑）」と笑顔で言われた。実は自分も彼のことを夢で見ていて、彼の存在がグッと身近になった。

■女性の証言解釈

夢に出てくる存在であることを互いに認識できたこと。これには大きな意味が存在する。眠りという、無意識かつ本能的時間においても、互いが心の奥底で存在していることが証明されたからである。

「自分の夢に出てきたけれど、それは私だけで、口にした瞬間、私だけが空回りしているような状態にはなりたくない……だから、この事実は言わない……」と秘めていた真実。それを打ち明けるきっかけを彼の言葉がつくってくれた。互いの心の奥で「運命めいた神秘の結びつき」が生まれていることが顕在化した状態と言える。この後、二人の関係は急速に艶めき始める。

▪するべからず　～艶談とセクハラの境界線～

まだ関係が完全に出来上がっていない状態にもかかわらず、夢の中でのことを語ってはいけない。とくに「情事の夢」などは、絶対に赤裸々に語ってはいけない。

互いの「色情の予感」が芽生えていない状態で言葉にしたその瞬間、二人の間には、大きな壁が生まれる。相手の艶心や恋心が自然に育つまで、「情事の夢」は胸の中にしまっておこう。

其の十三◇「僕が勝ったら朝まで一緒にいよう」

ゲームの成り行きで
今宵の恋を占ってみる

艶談川柳

「負けないよ、君と朝まで、いたいから」

▪艶フレーズ実況中継

今日、出会ったばかりの彼から、「ダーツで勝負しよう、もし俺が勝ったら今日は朝まで一緒にいよう」と言われました。

朝まで一緒にいる理由をくれて、一緒にいやすくなりました。

▪女性の証言解釈

まずは女性の証言から。

「一緒に男女数人でダーツに行きました。私がダーツが得意なのを知っていて、『ダーツで勝負しよう、もし俺が勝ったら今日は朝まで一緒にいよう』と言われ、勝負しました。一緒にいたかったので、実はわからないようにわざと負けました。その彼は20歳年上でしたが、結局、交際しました」

「恋の行方」をそのときの〝勝負運〟に任せるという〝投げやりな行き当たりバッタリ感〟。この「成り行きに身を任せる余裕」が功を奏したケースである。熱望、懇願、押し切ろうとする鼻息の荒さ——これらとは正反対のそっけなさすぎるスタンス。そんな成り行き任せが心地いいケース。同時に、「朝までいようよ」という色めく強い言葉の反作用で女性側が吸い寄せられてしまった。

■するべからず ～艶談とセクハラの境界線～

「ダーツで勝ったら、キスさせてよ……」など鼻息が荒いのはベタ過ぎてダメ。女性側を軽く扱っている空気が漂い減点の対象。この要望が叶えられるのは相手女性から好意のサインがあったときのみ。そうでないときはエロオヤジがキャバクラで空回るのと変わらない。相手女性からの飲み会中のスキンシップなど、サインを確認してからでないと恥をかくし、女性に嫌なプレッシャーをかけてしまう。

其の十四◆「別の場所で会おうよ」

パリピ感をトーンダウンして
別アポ差し込み

艶談川柳
「また会おう、未来の約束、今ここで」

■艶フレーズ実況中継

パーティ中にイケメンと会話の後、移動しようとしたら、腕をグッと引っ張り戻されてひと言、「今度、別の場所で会おうよ。連絡先教えて……」。

■女性の証言解釈

女性の証言は次のとおり。

「パーティで知らない人達との交流。いろいろな人と話したあと、けっこうタイプのメンズと話しました。あまり長いとほかの女子との交流もしたいかなぁと思って、グラスを持って移動しようとしたら、腕をグッと引っ張り戻されてひと言、『今度別の場所で会おうよ。連絡先教えて……』。交際とか本気とかではなく、メスとして落ちます」

パーティではジェントルマンシップは当然必要。しかし、時にもう一階層潜った〝本音の会話〟が必要となる。これができなければ本当の大人の男とは言えない。〝あなたに魅力を感じていますよ〟〝改めて会いたいくらい魅力的です〟を一瞬で伝える。投げかけた時点でそれが〝刹那な恋〟であるとわかる。ただしあなたがもし立場のある人ならば、くれぐれもこのフレーズは慎重に使うべきである。どんな噂を流されるかわからない。

▪するべからず　～艶談とセクハラの境界線～

女性の手を強引に引っ張り、長時間拘束し、リリースしようとしないのはダメ。その場でボディタッチなど、公共の場でセクシャルモーションをかけるのもＮＧ。もし10年に一度の運命を感じる相手ならば、「今まで何百人と出会ったけれど本当に好みだ。日を改めて会いたい……」と言ってからリリースする。もしくは「帰り、1時間だけ一緒にお茶しよう」と告げてリリースすべき。あえてリリースして苦みに耐えることも大人の男のたしなみである。

其の十五◆「頼っていい?」

あえてのオフィシャル〝重要タスク〟指定

艶談川柳
「君が故《ゆえ》、我が傍《かたわら》で、任せたし」

▪艶フレーズ実況中継

彼の主催するイベントで出会って一か月後、「夏の海イベントなんだけどさ、事務局を手伝ってくれない？　香里なら信用できるし……。香里がいないと、このイベントが成り立たない気がする……」と言われ、そばにいてあげたいと思いました。

▪女性の証言解釈

女性の証言は次のとおり。

「仕事ではないけれど、仲間内でやるイベントの要所を私にまかせようとする、最近知り合った彼。あるとき、イベントの話を持ち掛けられて、一番困っているポジションに私を信用して置こうとしてくれました。彼に人間として近づけたような気がしました。その1週間後、一緒にイベント会場下見に行こうよ、と言われてドライブがてら下見に……そして……」

女としてではなく頼れてデキる女として「イベントの要所をお願いできないか？」

と口説かれたことに予期せぬ自己肯定感を感じたケース。イベント会場の下見は実質デートとなり、二人の距離を縮める布石となった。もしこれが〝普通の恋愛コース〟であったなら、こんなにスムーズに二人の距離が縮まったかは不明である。〝プロジェクトをかます〟からこそ加速する関係もある。

■するべからず　～艶談とセクハラの境界線～

イベント開催日までに彼女をモノにしようと焦るべからず。たとえ口説きが不発でも、今後のスタッフ依頼や、艶やかな関係をブッツリと切るべからず。〝チャイルディッシュ〟と思われ、男を落とすことになる。楽しい時間をともにしてくれた、今後も続く艶やかな友達として大切にし続けるべし。

其の十六 ◆「〝デキる男〟が好むのは〝デキる女〟」

有能＝セクシーの法則

艶談川柳

「有能な、〝才女〟と恋を、してみたい」

■艶フレーズ実況中継

「仕事で私、こうだから男性から引かれちゃうんだよね」と言ったら、社外のビジネス仲間の男性が、「え？　今は有能でデキる女性が一番セクシーなんですよ」って言ってくれて自信が持てました。

■女性の証言解釈

「私たちみたいな女性を好む男性もいることを教えてくれて、とても自信が持てました。セクシーという言葉はいいですね。女らしさを保ちながら仕事に向き合えるような気がします」

キャリア系のデキる女性のなかには、勝手に〝男性に引かれている〟と思い込む女性も多い。社名を言わなかったり、役職を言わなかったりする女性もいるほど。これは実にもったいないことである。

男性は〝デキる女性〟に魅力を感じたら、彼女たちの色気について積極的に口にすべきである。何度でも口にして、ますます彼女たちのセクシーさに磨きをかけようではないか。

▪するべからず　～艶談とセクハラの境界線～

ビジネスモードがオンの時にこの話をするべからず。バカにされていると感じ、セクハラ被害を訴える可能性も高い。さらには「艶系ビジネスウーマン」と「まじめ系ビジネスウーマン」をきちんと見分け、この手の話を絶対にしてはいけない相手を見抜くことも大切である。

其の十七 ◆「心の支えにしてます」

あなたが心に棲みついた作戦

艶談川柳

「我が心、君頼りしは、いつからか?」

▪艶フレーズ実況中継

何度か飲みに行ったことがある社外のビジネスパートナーから、「勝手に心の支えにしていますので……」と言われ、「え？　どういう意味？」とドギマギしてしまいました。

▪女性の証言解釈

「仕事の後、少し気になっていたビジネスパートナーと一緒に飲みに行った帰りに、『勝手に心の支えにしていますので……』と肩をポンッ！　と叩かれました。『え？　女として？　人間として？　何？　何？』と気になったので、『どういう意味ですか？』と聞いたら、『生きていてくれて笑っていてくれるだけで支えになるよ……』と言われ、もう一軒行きたくなり、誘ってしまいました」

好きとも言わない、付き合ってとも言わない、それでいて下心も匂わせない。目の前の男性の心の奥に自分が存在していて、心の柱になっている事実。その発覚に女性が動揺しながら喜んでいる様子がうかがわれる。こうなれば当然、女性はあともう一軒、肩を寄せ合い語り合いたくなるものである。

■するべからず　～艶談とセクハラの境界線～

「〇〇さんのことずっと考えてます」「いつも思っています」だと、互いの真剣な恋愛コース、あるいは婚活コースとなる。一か八かの告白勝負となってしまい、大人の艶感は醸し出せない。仕事仲間に対するレスペクトの気持ちを込め、男女の友情ともとれるファジーな表現で、もどかしさを醸し出すべし。

其の十八◆「温泉にしようか？　日帰りの」

温泉メニュー〝健全トッピング〟の効果

艶談川柳

「タテマエでも、健康的です、日帰り温泉」

■艶フレーズ実況中継

「今度ご飯でも行きましょうよ」

「あ、いいですね。じゃあ温泉にしようか、日帰りの！」

■女性の証言解釈

女性の証言は次のとおり。

「趣味のジョギング会で出会った男性と、会社が近かったので一緒にお茶しました。私も相手もパートナーがいるけれど未婚。互いに倦怠期《けんたい》ということを知り、『今度ご飯でも行きましょうよ！』と私から誘いました。もちろん深い意味はなく、気晴らしです。そしたら彼が、『あ、いいですね。じゃあ温泉にしようか、日帰りの！』と。その後、有休をとり平日に箱根に二人で行ってきました」

聞くに二人はいまだ一線を越えない。

あくまで「食事と温泉」を楽しみに日帰りで行ったまで。しかし、これで未来に向けて進行形となったことは確実。この1日で二人は、友達以上、恋人未満の艶やかな関係に発展した。温泉なのに日帰り、受け取りようによってはとても健康的かつ、リフレッシュとなる提案。このすがすがしい経験が「彼からの誘い」をすべて受け入れる流れをつくる。この先、彼からの誘いはドミノ倒しのようにすべて受け入れられる。

▪するべからず ～艶談とセクハラの境界線～

たとえ冗談だとしても「じゃあ今度、泊まりで温泉旅行に行こう！」と言った瞬間、女性に警戒心を抱かせてしまう。泊まりに何度もしつこく誘う男性もいるが、これは女性を遠ざけるだけ。また、パートナーがいる女性はメールやＬＩＮＥであからさまに誘われるのにも抵抗がある。相手の携帯に赤裸々に文字が残ることで迷惑となる。メールを送るにしても、会話で投げかけるにしても、ベットリ感を出さずに、さりげなく、ライトにヘルシーなトーンが望ましい。太陽の下で戯れるイメージで艶フレーズを投げかけることである。

其の十九◆「陶芸教室に行きませんか?」

逸《はや》る息遣《づか》い、「陶芸デート」でカームダウン

艶談川柳 「脱パリピ、ろくろ回して、渋さ演出」

▪艶フレーズ実況中継

「この前はどうもありがとう。楽しかった。無事帰れた?」「無事帰れたよ。ありがとう」「また遊びに行きたいね」「行きたいですね」。そこからの「今度陶芸教室でも行きませんか?」という渋いお誘いをいただきましたが、なんだか癒される気がして行くことにしました。

▪女性の証言解釈

女性の証言は次のとおり。

「クラブでナンパという形で出会った男性と翌日、よくあるメールのやりとりが発生。この場合、男性が踏み込み過ぎて、自然消滅するのがよくあるパターン。でも『今度一緒に陶芸教室に行ってみませんか?』とシックなお誘いにうれしい困惑。クラブでの出会いと打って変わって、落ち着き払った誘いのギャップと、根拠なく感じた大人の色気に思わず『いいですね、行きましょう』と返してしまいました」。

この女性も言うように、陶芸と聞いて、落ち着いた大人の趣味をイメージする人は多い。陶芸シーンを思い浮かべただけで、色めきが漂うから不思議である。

■するべからず ～艶談とセクハラの境界線～

ファッショナブルではない、清潔感のない男性がこの誘い文句を言うと、「ジジ臭い」雰囲気が漂ってしまう。くれぐれも〝ファッショナブルであること〟が大事。また「陶芸をモチーフにしたセクシャルなシーンを含む映画」の話を赤裸々に語るのも厳禁。関係が良好に深まった状態ならばよいが、この距離感では下品なスケベオヤジのレッテルを貼られてしまう。

其の二十◇「夏が来るとキミに会いたい」

季節がくれる五感の刺激を
味方につけよ

艶談川柳

「君恋し、逢いたい気持ち、夏空のせい」

■艶フレーズ実況中継

数年前、いつも一緒に遊んでいた友達以上恋人未満の彼から、「夏が来たね……。晴れ渡る夏空を見ると、君に会いたくて、どうしようもなくなる」とメールが来て、彼のことを抱きしめたくなりました。

■女性の証言解釈

女性の証言は次のとおり。

「ちょうど私も夏空に張り出した入道雲を見て、『会いたいな』と胸を焦がしていました。このメールを見て会って思い切りハグしたい気分になりました。キスの感覚なども急に蘇ってきて、会いたい気分にスイッチが入ってしまいました。〝どうしようもなくなった〟のは私も同じです」

このように巡る季節がもたらす五感への刺激が、胸を焦がしたもどかしい恋に再び火をつけることがある。巡る季節に心がうずいたら、素直にその思いを当時の感覚で相手に伝えてみよう。

▪するべからず ～艶談とセクハラの境界線～

あのときはああだった、どうだったと赤裸々にセクシャルなシーンを彷彿とさせる表現を書くべからず。ちょっとしたエッセンスならばよいが、自分だけ舞い上がって書きすぎると「下心アプローチ」となってしまい、相手がそういうモードでなければ、完全に遮断されてしまう。

其の二十一◆「20％好きになってもいい？」

分散恋愛の法則

艶談川柳

「大好きです。5分の1だし、重くないでしょ」

■艶フレーズ実況中継

「誰かを20％ずつ5人くらい好きになるのはどうでしょうね。そのうちの1人、私の20％にすでにあなたが入っていますよ」

そんなふうに言われて、悪くない気がしました。

■女性の証言解釈

ほどよく確信犯で〝つき放し〟、程よくライトに告白をしてくる、にくめない不良オヤジ。先月、ワインパーティで出会ったのがきっかけ。

「それ以上でもなく、それ以下でもない、事実を言っただけだから……。暇な時にメシでも付き合ってくれたら……」

このように20％しか愛をくれないことで居直るスタンス。しかし、本人からすれば「20％も」愛情をあげているんだから、それに見合う20％の愛を同じようにくれればいいじゃない？　を伝えたい。器用な女性はバランス栄養食の1メニューのようにこれを摂取できる。一途な恋愛しかできない女性は、悪女になるための苦しい挑戦を強いられる。変わろうとするきっかけを彼は彼女に提供している。いずれにせよそうなった女性は彼のことが気になって仕方ない。

■するべからず ～艶談とセクハラの境界線～

「私は誠実な1対1の恋愛関係を望んでいます。あなたと結婚を前提にお付き合いしたいです！」そんなふうに女性にアプローチしておきながら、男女の関係になった瞬間に「20％です」などと言うのはルール違反。このように女性を傷つけると、まわりまわって自分にも害が及ぶ時がくる。こういううやむやな嘘が男を下げてしまう。

其の二十二◇「はい、チョコどうぞ……」

居直り〝不埒者《ふらちもの》〟の「親近感ブランディング」

艶談川柳

「遊んでます。縛《しば》らないから、安心です」

■艶フレーズ実況中継

受付カウンター越しに「今日もかわいいですね。はい、これどうぞ」。社を訪問のたびに受付全員に「チョコ」を配る50代紳士。熟《う》れた遊び心と抜け感のある自然体の声かけに思わずLINE。

■女性の証言解釈

「某自動車メーカーの受付です。50代くらいの素敵なオジサマがカウンター越しに突然、チョコレートを渡してきました。さらに笑顔でこんな言葉をかけてきました。〝あれ、最近入ったのですか? 前の子もかわいかったけれど、あなたはもっとかわいいね〟。それから4か月、私、今、付き合ってます(笑)」

文面だけ見ると「なぜ?」しか浮かばない。

しかし、二枚目なダンディな外見とはかけ離れた、明け透けで、脇が甘すぎる〝体《てい》たらく〟が興味をそそったケースと言える。

「危険」なイメージは皆無で〝暇つぶし〟に〝いじったらおもしろそうなオジサマ感〟が入り口となっている。潔いほどの「〝他でも遊んでますよ感〟がかえってさわやかに感じられ、7回目のチョコで名刺に書いてあったLINEに連絡」となる。しかし、一度会えば、そこから先は手練手管、熟練の艶談フルコースが待っていて、この女性は恋におちてしまったのである。

■するべからず　～艶談とセクハラの境界線～

受付の女性の美貌に圧倒されて挙動不審になったり、声がうわずったり、あるいは崇《あが》めすぎるのはダメ。紳士的すぎて堅すぎるのもダメ。慣れていないのに、思い切り勢いをつけてチャラくなったり、高圧的になるのもダメ。あくまで熟《う》れ感とリラックス感、そしてさりげなさ、達観《たっかん》した自然体の物腰が必要である。

其の二十三◆「息抜きして帰ったら?」

サボタージュの提案から始まる恋

艶談川柳「営業を、忘れて僕と、リラックス」

■艶フレーズ実況中継

飛び込み営業で訪問したとある会社でのこと。イケメンの所長さんが出てきて、「営業疲れしているね。10分間世間話しよう」と言われました。「この町に転勤で来たばかりだから、今度、町を案内してほしい」と名刺を渡され、その日のうちに、町を案内してしまいました。

■女性の証言解釈

女性の証言は次のとおり。

「飛び込み営業をしたある会社で、今日、赴任してきたという所長さんが対応してくれました。『なんか営業疲れしているね。仕事以外の話をして息抜きして帰ったら？10分だけなら時間あるから……』。ほっと気が抜けて、町の情報を話してあげました。そのあと『彼氏は？』と聞かれ、『もうすぐ結婚する予定で……。でも、まだまだ遊びたいんですけどね……』と。『今日、仕事19：30に終わるから、もしタイミング合ったら電話して。町を案内してよ……』。その夜一緒に町を案内し、終電を逃したので、所長さんの家にお世話になりました」

彼女がマリッジブルーになっていたことと、所長のさりげない案内依頼、そして「今日の今日」という〝唐突感〟が、彼女の「非現実へのジャンプアウト願望」に拍車をかけた。「町を案内してよ」というフレーズと、「彼女にリードさせた」こと、さらには「男性にもパートナーがいて、互いに重くならずにブレイクタイム・ラブを楽しめる要素がそろっていた」ことなどが要因となっているのがポイント。

■するべからず ～艶談とセクハラの境界線～

「契約」や「商談」を匂わせて二人きりになり、仕事をチラつかせながらの「セクシャルな関係の強要」はするべからず。会社的な問題になる以前に、男として下衆の極みである。

其の二十四◆「沈黙のまま会話しよう」

非言語コミュニケーションで〝本能恋愛回帰〟

艶談川柳「視線越し、瞳で語る、君が好き」

■艶フレーズ実況中継

互いに長年の恋人がいる関係。半年前に仕事で知り合いました。「沈黙のまま会話してみない?」と言われ、目と表情とジェスチャーとボディタッチで会話した。見つめあう時間が長く、距離も近くなり、ドキドキした。

■女性の証言解釈

「言葉を使わないことで、思っていることや、彼を求める自分の本心が全部出てしまったような気がします。本命? 遊び? 私にとってこの恋は遊びです」と女性は語る。

恋の原始細胞分裂が始まる直前の、本心を交わしあう高等恋愛コミュニケーション。結果的に本能的な男女の結びつきが強まったケース。

沈黙のまま、裸の心を見せあった二人の間には、動物のオスとメスのような結び付が生まれる。

▪するべからず ～艶談とセクハラの境界線～

清潔感と自信のある物腰、それでいて謙虚な姿勢を持ち合わせている男性だけにおすすめしたい。さらには相手を手に入れたい気持ちからくる興奮——それが表情から不気味ににじみ出てしまわないように、ある程度〝異性に困っていない余裕〟をチャージしたい。変態的な空気が漂ってしまう可能性もある。

3章

大人の男の艶言葉

——恋人の距離で魔性フレーズを投げかける

其の二十五

「俺のことを好きになればええんやろ?」

ド直球〝自信の言い切り〟の巻き込み力

艶談川柳

「迷い恋、俺に惚れろよ! 勝負あり」

▪艶フレーズ実況中継

二人の男と迷った時、優柔不断で頭でっかちになってわけわからなくなって……。しばらく両者と距離をおいて頭冷やそうと思った時に、「俺のことを好きになればええんやろ？」。

勝負あった!!　女も簡単なもんだなぁと。明るさと自信満々な物腰に、この人についていきたいって思わされた。

▪女性の証言解釈

いかに草食の時代と言えど、明るさと、自信と、男らしさが女心を掴んだ例である。一途に惚れて「どれほど好きか」を伝えてしまう殿方もいるが、一歩間違うと女々しくもなりかねない。本件は直球１６０キロをズドンと投げ込み、功を奏したケースである。「ついてこい」「俺についてきてほしい」と言いきるだけで、「巻き込まれたくなる」「身を委ねたくなる」オスっぽさを、たった1行で醸し出すことができる。

■するべからず　～艶談とセクハラの境界線～

相手からの「一緒にいると楽しい」という言葉や、「会わない?」「好きだけど……」といったフレーズがない。さらには職場や取引先の断れない関係のなか強引に誘い、一方的に「惚れればいいじゃないか……」と言うのは危険。あくまでも女性からの「好意の明らかな意思表示」があった場合にのみ、この艶談は功を奏する。

其の二十六◇「言葉にできないよ」

愛しき気持ちを噛み殺す

艶談川柳

「胸の内、我打ち明ける、資格なし」

■艶フレーズ実況中継

パートナーがいる取引先の男性から、「僕は結婚しているし自分にその資格があるかわからないから、あなたのことを素敵だと思っていても言葉にできませんよ（笑）」と微笑まれ、落ちました。絞り出すような表情でした。もっともっと好きにならせてやろうと思いました。

■女性の証言解釈

女性の証言は次のとおり。

「妻と別居している男性のことが気になっていました。二人で食事に行った時に、『〇〇さんは素敵だからすぐに相手が見つかりますよ』と彼に言ったら、『いえいえ、あなたこそ……すごく素敵です。でも僕は結婚しているし、自分にその資格がないので、素敵だと思っていてもなかなか言葉にできません（笑）』と微笑みました。誠実な言葉を聞いて、逆に彼の心のブレーキを外したいなと感じました」

生真面目なスタンスがかえって女心をくすぐったケース。気持ちにブレーキをかけている彼を見た女性が、〝禁欲〟を壊してみたい欲望に駆られたパターン。〝禁止されるとほしくなる〟人間心理がはたらいた例。

▪するべからず ～艶談とセクハラの境界線～

結婚していることを隠したり、あるいはまだ離婚していないのに「離婚した」と嘘をついて相手女性をその気にさせ、男女の関係に持ち込もうとする行動はするべからず。もし、離婚が延びたり、結果的に離婚ができなかったときに大きな問題に発展する。女性を傷つけ、心身を病気に追い込む可能性がある。途中で妻にバレた場合にも、法的にも大きな打撃を受け、同時に妻も傷つけることになる。

其の二十七◆「まずいな、ドキドキしている（笑）」

鼓動共鳴の法則

艶談川柳

「この動悸、罪と感じて、自己申告」

▪艶フレーズ実況中継

「今すごくドキドキしてますよ。悪いですね。勝手にドキドキして……」と言われ、自分もドキドキしていたので、思わず嬉しくなってしまいました。悪乗りして初めて軽く手をつないだ夜のことでした。

▪女性の証言解釈

「仕事で知り合った40代の男性と一緒にクラブに行きました。お酒と爆音の勢いで壁際で手をつなぎました。その瞬間『今すごくドキドキしてますよ。悪いですね。勝手にドキドキして……』と言われ、「私も、同じです。ドキドキしてます（笑）。まさか手つなぐなんて…」と返しました。そのあとのことはご想像にお任せします」

この「ドキドキしています」の伝達は、ある意味、女性への敬意である。「ドキドキするほど、あなたに魅力を感じていますし、あなたを大切に思っています」という心理状態が一瞬で相手に伝わる。ドキドキは呼応しあい、伝播しあう。恋の始まりの高なりを相手にも伝搬し、身をゆだねさせることに成功したケース。ドキドキ度は共鳴しあい2倍増しとなったはずだ。

■するべからず　～艶談とセクハラの境界線～

「はやくこうなりたかったんじゃないの？」「僕といると楽しいでしょ？」といった「思い込み発言」をするべからず。そう思っていても謙虚に「ドキドキしてます」というのが女心をくすぐり、女性を前のめりにさせる。

其の二十八◇「今から会ってくれませんか?」

〝バイバイ直後〟捨て身〟の〝今、会いに行きます〟

艶談川柳

「帰る君、呼び戻してまで、会いにゆく」

■艶フレーズ実況中継

飲み会で出会ったばかりの酔っ払っている彼から、深夜12：30に電話。大雨の中、「僕と今から会ってくれませんか？」とお願いされ、心が揺れました。

■女性の証言解釈

すこし酩酊《めいてい》していて、でもはっきりとした口調で、自分の気持ちに確信をもって大胆不敵に電話をする——そんな一か八かの〝賭け〟言葉。お酒の力を借りての確信犯とも言えるが、捨て身の健気さに、思い掛けず女性側がほろりと来ている様子がうかがわれる。別れてすぐに連絡をくれるというイレギュラーさが、女性の心に刺さっている。

気を抜いた瞬間、死角からの〝甘く激しいボディーブロー〟に女性の心が揺れた瞬間である。

▪するべからず ～艶談とセクハラの境界線～

泥酔しすぎて何を言っているかわからないような会話を仕掛けたり、キャッチボールができない状態での電話は迷惑なだけ。「この人、大丈夫かしら？　お酒に飲まれてしまう癖があるのかな……」と逆効果。セクハラ発言にも注意が必要です。また「今日は難しいわ……」と女性が断っているにもかかわらず、しつこく何度も電話するのもＮＧ。着信拒否設定をされてしまう可能性も大。

其の二十九 ◆「どれ、見せて……！」

指触れ、肩触れ、
サラリ距離とり踏み込まない

艶談川柳
「身を寄せて、指肩触れ合う、スマホかな」

▪艶フレーズ実況中継

「どれ、見せて……！」と写真を覗き込み、私の手に触れるともなく触れる状況に心臓ドキドキ。

▪女性の証言解釈

事の成り行きは次のとおり。

「携帯で写真や動画を一緒に見る時に、手と肩が触れてドキドキしました。意図的？　それとも偶然？　妄想が高まりました。素敵な人でしたが、仕事が入り口だったこともあり、男女的なことはまったく意識していませんでした。……互いにバツイチ同士で独身ですが、まだ付き合うかどうかはわかりません」

仕事の付き合いから二人で食事をするようになり、距離が縮まり、携帯を覗く手が触れ合い、相手男性の魅力をダイレクトに感じたパターン。〝指触れ〟〝肩触れ〟から先、ガッツいて鼻息荒く接しないことが大事。女性のペースで自由に〝予感〟が楽しめるほうが心地よい色香を醸し出す。

■するべからず　～艶談とセクハラの境界線～

仕事を離れて改まって二人で会うような関係でない場合は危険。〝恋バナ〟による〝自己恋愛願望開示〟、男性側への〝男性認定フレーズ〟もない状態もまだ時期尚早。女性からの好意の言葉があり、仕事以外の連絡も能動的に発生し、プライベートな会話ができる関係になってからおこなうべし。業務の会話をかわすだけの関係でおこなうのは少々危険。

其の三十◇「こんなはずじゃなかったのに」

惚れたことは「不慮の事故」、
さりげなく他人事化

艶談川柳

「惚れ事故です。仕事中なのに、ごめんなさい」

■艶フレーズ実況中継

「ただの仕事関係だったのに、好きになってます。すでに（笑）」と仕事関係者から言われ、その気持ちの深度を確かめたくなりました。

■女性の証言解釈

〝ただの仕事関係なのに〟の「なのに」な関係がポイント。女性側も好意があれば、次第にその感情を抑えきれなくなる。そして、気持ちの深度を確かめたくなるのが本能というもの。

しかし、堅い職場の場合、表沙汰にならないように、秘密に紡ぎ合いたいのが本音。その点、この男性は「基本的には職場ではあってはならないこと」「仕事優先であるべき」「相手の女性に迷惑をかけてはいけない」という自重したスタンスをとっている。最悪この恋が自分の一方通行でも女性に迷惑をかけない言い方である。この他人事な言い方が女性にはたまらない。当然、女性が采配を握ることになる。

▪するべからず ～艶談とセクハラの境界線～

女性を口説き、心身ともにわが物にした後に、「仕事関係だったのにすみません。これは事故です」と言ってしまうと女性を傷つけてしまう。被害者意識を持ち、男性に攻撃を仕掛けてくる可能性もある。くれぐれも〝事をなす前〟に告げたいフレーズであり、その先は女性に決めさせたい。また、くれぐれもしつこくならないこと。しつこくなれば職場のセクハラ問題となり、女性や周囲に迷惑をかけることになる。

其の三十一◇「うちでカレー作ろうよ！」

河原ＢＢＱみたいな分担制
〝宅デート〟

艶談川柳「家メシしよう！　俺がカレーで、君サラダ」

■艶フレーズ実況中継

合コンで知り合って、二人で会うのは2回目の彼から、「うちでカレー作ろうよ！　俺がカレーを作るから、○○はサラダとスープを作ってくれる？」と言われ、OKしました。

■女性の証言解釈

女性は、「前触れもなく唐突に言われたけれど、いやらしくなく、友達として？　それとも？　といろいろ考える暇もなく、二人でホームパーティでもするんだろうなという気持ちで家に行きました」と当時の心境を語った。

まるで一緒に河原にバーベキューにでも行き、俺が火おこし、君料理ね！　と「ポップなノリで分担されたような後味」が功を奏したケース。このトーンが「会って2回目で部屋に行く」という行為のハードルを下げている。

「なんだかカップルや夫婦ごっこをしているみたいで楽しかった。何かされても拒める自信があったし……。でも、結局ソファでいちゃつきましたけれど（笑）」と女性。このあえての〝カレーを作る〟という飾らないチョイスも絶妙。先々進展しなかったとしても、十分楽しい艶時間を楽しめたことになる。

■するべからず ～艶談とセクハラの境界線～

下心見え見え、しかも鼻息荒く、「家に入ったんだから、わかってるよね……」という空気は大人としては失格。まずは健全に盛り上がり、バイバイする。それにより「二人ホームパーティ」が定着する。家に入ったからといって強引なアプローチをするのは「艶感のある大人」とは言えない。残念な結末を招きかねない。

其の三十二◆「祝福のハグをしようぜ！」

罪なきホールド！
ハグ特区に誘い込む

艶談川柳
「おめでとう！　ドサクサ紛れに、恋人の距離」

■艶フレーズ実況中継

仕事でうまくいったことがあって、そのことを報告がてら、ちょっと気になっていた上司と食事をしました。酔っていい感じになってきて2軒目行く？ となった時に彼が路上で、「おめでとう！ ハグしようぜ」と言ってきました。

■女性の証言解釈

「ハグしようぜ」はスポーティ、無欲恬淡《てんたん》、そして家族的な誘い文句である。よこしまな気持ちを匂わせず、体を密着させるタイミングをつくりやすい。しかもお酒がはいっているとなれば、余勢を駆った〝お祭りノリ〟で物理的な境界線越えを為し、心咎《とが》めなしに抱き合える。女性が男性に好意を持っていれば、当然女性側もイヤな気はしない。女性側も粛《しゅく》として刹那に心を弾ませる。それをきっかけに二人の距離が縮まる可能性はおおいにあり。おのおの、その一瞬、〝再びあれかし〟と懐《おも》うのである。

■するべからず ～艶談とセクハラの境界線～

相手からの好意のボディタッチや、言葉がない――そんな状態で〝長時間ホールド〟したり、あるいは首筋や頬にキスをしようとするのはダメ。また相手が好意のサインを出した時も、力を込めた強引なキスは危険である。そのサインがまだ半分リップサービスの可能性もあるからだ。サインがあった時も力を抜いて、髪に静かに頬を近づけ、女性に選択の余地を残してあげるのがよい。

其の三十三◆「じゃあ抱きたい……」

下地が熟した後の〝紋切り型〟提案

艶談川柳
「付き合って、それがダメなら、今抱きたい」

■艶フレーズ実況中継

飲み会で出会って、二人でドライブは3回目。
相手男性「付き合ってほしい……」
私「今は付き合えない」
相手男性「でも一緒にいたい……」
それから問答が続き、
「結局、私とどうしたいの?」
って聞いてしまったんです。そしたら、
「抱きたい……」と彼。
あまりにもストレートだったし、実は私もそうしてみたかったから、そのまま……。
あとは想像にお任せします。彼とは今でも飲み仲間です。

■女性の証言解釈

女性が何度も会ってくれる。手をつないでも嫌がらない。もたれかかってくる。艶事を匂わせる言葉を投げると喜び、微笑む――そんな下地の関係ができた相手だけに通用する方法。思い切って瞭然《りょうぜん》たる言葉で切りつける方法をこの男性は選んだ。

事の次第は次のとおり。

成熟した文化的ないい女ほど「付き合う」「付き合わない」といった枠に納まりきらない男女関係のチャンネルを持っていることがある。そして女性側にも男性にセクシーさを感じる場合はあり、気まぐれに〝美味しいとこどり〟をしたい時がある。「抱きたい」というフレーズを彼女が受けとめ、〝発動ボタン〟を押したパターンである。

彼氏がいたとはいえ、満足しきれない関係に悩んでいた彼女にワンタイムサプリメントを提供した彼。重くないスタンスで彼女のＤｅｓｉｒｅを満たした功労者でもある。彼女にとっては秘密を共有した〝心の友〟。

■するべからず　～艶談とセクハラの境界線～

彼女は後腐れない大人の関係を望んでいた。だからこそ功を奏した。これが、もしまだ打ちとけていない仕事関係の相手だったならば、セクハラ発言として問題となる場合もある。

女性が何度も会ってくれる。手をつないでも嫌がらない。もたれかかってくる。艶事を匂わせる慈しみの言葉を投げかけてくる――これらが揃うのが大前提。また彼女が刹那な恋愛スタイルを好むかどうかの過去データも要確認。それらなしには、このフレーズは絶対に投げかけるべきではない。

其の三十四◇「こっそりキスしよう」

女性の〝悪ふざけ願望〟に火をつけよ

艶談川柳「身を隠し、悪戯に誘う、秘密キス」

▪艶フレーズ実況中継

まだ手をつなぎ合う関係になったばかりの彼が、「見つからないように、こっそりキスしてみない？」って言ってきて……。思わず、その場でしてしまいました。

▪女性の証言解釈

友人の誕生会で出会った彼。事の次第は次のとおり。

「まだキスは早いかなと思っていましたが、『見つからないように』『こっそりと』って言葉で、悪戯心に火がついてしまい、結局……」

彼は「キス」に誘ったのではなく「冒険」「悪戯」「ゲーム」に彼女を誘ったのである。彼女も「タブーへの挑戦を楽しむ」ことに目が行っている。

してはいけない場所でコソッとキスして盛り上がる。しかし、それ以上は決して不可能なシチュエーション。この〝抑圧状態〟が彼女を行動に走らせた。「こっそり」「見つからないように」の興奮が倫理観に勝ってしまった例と言える。

■するべからず　～艶談とセクハラの境界線～

女性からのボディタッチもなし、好意の言葉もない、プライベート的なメールもない。単なる仕事の関係だった場合、この発言はセクハラ発言となり大きな問題を引き起こしかねない。また仕事関係ではなくとも、「じゃれ合いのウオーミングアップ」なしにこれをすると、一気に下心が露呈する。台無しになってしまう可能性大である。

其の三十五◆「最後まで一緒にいたかったから」

〝ノンアル移動式Music Bar〟で送迎おもてなし

艶談川柳「遠回り、ラストは君と、2人きり」

■艶フレーズ実況中継

「先に私を降ろしてくれないのはなんで?」って聞いたら、「最後まで一緒にいたかったからに決まってるでしょ」と言われ、胸が躍りました。

■女性の証言解釈

「友達二人と、その日バーベキューで出会った男性に家まで送ってもらいました。私のほうが近いので先に降ろしてくれればいいのに、わざわざ遠い友達のほうを先に送り届け、最後に私を送ってくれました。理由を尋ねるとストレートに『最後まで一緒にいたかったから』と言ってくれて、彼のことが途端に気になりはじめました」

車を所有し、かつお酒が飲めない男性が、宴の最後に遭遇するラッキーシーンの1つ。ただ単に酒が飲めないだけであり、たまたま気に入った女性がいただけ。彼は何も我慢をしていない。しかし、女性の目にはあたかも「自制心のある大人の男性」に映り、送り届けるというホスピタリティが傾慕《けいぼ》の念を呼び起こす。至近距離の密室で二人きりのまま会話を楽しめる車中。ここでは〝好意を伝える艶フレーズ〟が何倍にも増幅して女性に伝わる。

▪するべからず ～艶談とセクハラの境界線～

二人きりになったからといって、俗にいう「送り狼」になるのはダメ。密室で逃げられないだけでなく、抵抗しづらいこともあり、女性に大きなストレスを与えてしまう。車内で突然、強引にモーションをかければ犯罪にも。もちろん飲酒などは言語道断。艶時間と引き換えにすべてを失いかねない。

其の三十六◆「そんな顔したら、また口説くよ」

口説きの甘い蜜を贈る予告

艶談川柳「君愛し、もう止められぬ、夏恋再び」

■艶フレーズ実況中継

以前一緒に行った「海の思い出話」を年上の男友達としていた最中のこと。「あ〜、楽しかったなあ……」と彼に微笑みかけたら、「そんな顔したら、また口説くよ」と笑いながら手を握ってくれました。もっと口説いてほしいと思いました。彼とは5年前からの飲み友達です。

■女性の証言解釈

女性の証言は次のとおり。

「互いに縛りあわない関係で恋しよう……と言われ、以前、好きになった彼。彼が本気になり、私が彼の気持ちを受け止めきれず別れました。久々に会って昔話で私が思い出に焦がれる顔をしてしまった。私の顔を見て、『そんな顔したら、また口説くよ』と彼。余裕、強さ、気遣いといろんなバランスがよく、素敵でした。結局、また恋愛関係になってます。今度は私のほうが結婚したいです」

熱すぎず、冷めすぎず、微笑みながら手を握るジェントリーリアクションが、彼女を再びファンタジーに誘い出した。二人のこれまでのストーリーを〝リマインド〟する「また口説くよ」の〝また〟という言葉。この二文字で、彼女の脳裏に甘いストーリーが10倍速再生されている。退屈な日々に再び「刹那な物語」の再来を願う、女性側の気持ちがうかがわれる。

■するべからず　～艶談とセクハラの境界線～

「そうやって思わせぶりな顔をして、突然俺を捨てるんだよね」「俺はこんなに好きなのにキミは僕をそれほど好きじゃない」など、間違っても「被害妄想フレーズ」を口にしないこと。過去に自分がフラれている事実を蒸し返さない。逆に自分が相手を過去に振っている場合であれば、逆に気を持たせすぎないように注意したい。

其の三十七◆「会いたくてごめんね」

強引に誘う身勝手さ、
惚れたことに詫びる謙虚さ

艶談川柳
「この胸が、君会いたしと、乱舞する」

■艶フレーズ実況中継

3か月前にスタンディングバーで声をかけられて出会った年下くん。その彼から急に、「会いたい」と呼び出されました。そっち系のお誘いかとわかりつつも、会った瞬間「会いたくてごめんね！」と無邪気に言われ、なんだか愛しくなってしまいました。

■女性の証言解釈

女性の証言は次のとおり。

「会って開口一番、『会いたくてごめんね』と言われた瞬間、ものすごく下手から来たな……という印象と、下心ではなく〝恋愛感情に似た感情〟を持ってくれていたことに気づきました。大切に思ってくれていることも伝わりました。そっち系のお誘いだったとしても、仕方ないと思っていました。思ったよりも〝気持ち〟がこもっていて、私も〝気持ち〟で向き合おうと思いました。結果、遊びの関係で終わろうともそれはそれでいいと思います。彼の望む方向で構わないと思いました」

男性のふとした〝言葉選び〟によって、女性は大切にしてくれているのか、そうでないかを本能的に判断する。遊びの恋であろうと本気だろうと〝大切にしている〟という物腰が重要だ。たとえ遊びであっても大切に思えない相手とは、会わないほうがよい。それは艶やかな大人の関係とは言えないからである。

▪するべからず　～艶談とセクハラの境界線～

会った瞬間から、「本気の恋じゃないけれど、いくところまでいくよ！」的な押せ押せモードや、〝鼻息の荒い欲望丸出しモード〟は、たとえあなたが年下であっても受け入れられない傾向が強い。いきなり〝際どい言葉〟を投げかけたり、強引に手をつないで功を奏す場合ももちろんある。しかし、それはたまたま女性もそういうモードの時だけ。一か八かになるだけでなく、強引なセクハラ的印象を与え兼ねない。もし遊びだとしても、「会いたくてごめんね！」を言って内面を見せながら、自由恋愛へ持ってゆくのが美しい。

其の三十八◆「夏の恋人になってほしい」

夏季限定ラブストーリーの法則

艶談川柳「夏の恋、秋がくるまで、君と二人で」

▪艶フレーズ実況中継

「この夏だけでも楽しい思い出を一緒につくって……、そして秋にはまた友達に戻るのはどう?」

▪女性の証言解釈

一年前に友人のヨガイベントで出会った彼からの言葉でした。

「バツイチ同士、もう結婚はしたくない、特定の恋人にも縛られたくないというスタンスだったので、この言葉に〝いま一番自分が求めているもの〟を感じました。心地よい相手と、心地よく気まぐれな恋をしたいと思っていましたから」

この女性の証言にもあるように、「せっかくの夏だし、何もないよりは何か恋愛じみたドラマが欲しくなる瞬間」が女性にもある。その希望・願望・欲望を察知し、誘い込むという戦術。断られても気まずくないように「絵になる言葉」を用いている。

また「夏の間だけ」という限定が、女性をスムーズに誘い込んだと考えられる。

■するべからず　〜艶談とセクハラの境界線〜

訳アリの二人が恋を始める際は、決して重くなってはいけない。ライトに始められるよう十分な気遣いが必要だ。永遠に、君だけを、ずっと、世界一などという言葉を使うと、逆に相手にブレーキがかかってしまうことも。その理由は、あなたの愛を相手が受け止めきれないから。心理的、物理的なしがらみを抱く同士においては、期間限定で気まぐれな誘いのほうが心地良い場合もある。

其の三十九◇「君がいる場所が特別な場所」

心境情景化型
言語表現を身につけよ

艶談川柳

「君眩し、景色を変える、佇まいかな」

■艶フレーズ実況中継

「君がいる直径3メートルは地球上どこだって特別な場所だよ！　いつでもどこにでも会いに行きたい！」そんなふうに言われて、「じゃあ来て！」と会いに来てもらいました。

■女性の証言解釈

「最近何度かデートした男性（前職の同僚）から『今はどこにいるの？』のメールが来たので、『おじさんばかりの立ち飲み屋』と返したら、メールのトーンが急に変わり、『君がいる直径3メートルは地球上どこだって特別な場所！　行きたい！』と。私も勢いで『じゃあ来て！』と返し、急に会うことになりました。彼は酔っていて、『あんなこと言って……（笑）』と照れてました。本音が聞けて、私ももっと素直になろうと思いました」

この男性の勝因は、心の情景を上手に〝絵が浮かぶように表現した〟ところにある。

恋をすると、実は会う場所などどこでも良く、その女性さえいてくれればそこが天国。その心の景色を、上手に言語化できる才能が彼には備わっていた。この先も心の状態を上手に〝情景化言語〟で表し続けるに違いない。

■するべからず　～艶談とセクハラの境界線～

「今どこにいるの？」を毎回、連発しないこと。さらには相手が答えた場所に毎回行きたがらないこと。彼女はストーカーに追われているような気持ちになってしまう。数日おきぐらいに連絡する。時にメールに返信しない。あるいは誘いを断るなどして、すこし放置し、彼女から連絡したくなるように仕向けることも大事。

其の四十◇「1秒でも長く一緒にいたい」

1秒1秒愛してる作戦

艶談川柳「この命、秒刻みで、君に捧ぐ」

▪艶フレーズ実況中継

「いまは1秒でも長く一緒にいたいって思ってる」と言われて、踏み込む勇気が湧きました。

▪女性の証言解釈

互いにフリーランス。仕事を通じて出会ったという女性の証言は次のとおり。

「『付き合っているのかな？　違うのかな？　私と会うために無理させていないかな……』そう思っていたら、バイバイした後に、『いまは1秒でも長く一緒にいたいって思ってるよ』とメールが来ました。付き合っているのかどうか聞けない関係ですが、気持ちがあることがわかり、安心しました。またすぐ会いたいと思ってしまいました」

付き合う、付き合わないをはっきりさせられない距離感や関係。そんなときでも女性を不安にさせず、「会いたい」という気持ちを明らかにする艶フレーズ。人生は有限であり、1秒1秒を大切に生きる姿勢、その中で真剣に思ってくれる姿勢を女性は信頼してしまう。

■するべからず　～艶談とセクハラの境界線～

女性のほうから「うん、私も1秒でも長く一緒にいたい」「ありがとう。そんなこと言ってくれてうれしい」といった返事がない限り、何度も繰り返して言うべからず。相手の〝インタラクティブな反応〟ありきで、このフレーズは使うべし。ただの重い男になるべからず。

其の四十一◆「女性の笑いのセンスを敬《うやま》え」

バカになれる女の魅力

艶談川柳

「ありのまま、バカになれる、君ぞ愛しき」

■艶フレーズ実況中継

「バカになれる女性の前でこそ、男は本当の自分を出せるんですよ……」と見つめられ、恋のはじまりに期待してしまった。

■女性の証言解釈

「いつもバカになる役割ばかりで、モテなかった私が落ち込んでいたら、『バカになれる女性の前でこそ、男は本当の自分を出せるんですよ……』と、取引先の年上男性が慰めてくれました。さらには、『今、僕が結婚していなかったら、真っ先に◎◎さんにプロポーズするよ、僕は浮気はしないから、不倫の誘いじゃないからね』と言われました。そう言われるとかえって『不倫でもいい』と思ってしまう自分がいます。でも不倫はしません。恋バナもできる、それでいて私を女として認めてくれる男性が目の前にいることを、艶やかに感じながら仕事をしています」

昨今、上品で線の細い男が増加している。自らを世の中の流れ的に〝上品にスマートに見せないといけないい窮屈さ〟を感じる男は多い。その窮屈さから解放してくれるのが〝バカになれる女性〟の存在。彼女のすべてを受け入れる言葉をプレゼントすることで、二人の距離は急接近する。

■するべからず ～艶談とセクハラの境界線～

「女はバカなほうがおもしろい」ではダメ。バカに〝なれる〟という表現をすべし。前者だと見下しているような印象を与えてしまいかねない。男尊女卑のパワハラ・モラハラと思われる可能性もある。

其の四十二◆「たくさん抱いてるから」

「行列」を渋々カミングアウト

艶談川柳

「抱いてます、昨日も今日も、感謝され」

■艶フレーズ実況中継

友人のクルージングで出会った男性と二人で飲みに行きました。「なんでそんなに色気あるんですか?」って質問したら、「え? ある? ないでしょ? おじさんだし」「ありますよ」「そっか……わかった……。でも、理由は言えない」「なんでですか?」「いや……、じゃあ、言うよ。たくさん抱いてるから……(笑)。あ、ごめん」。あけっぴろげな回答が逆に魅力的に映りました。

■女性の証言解釈

女性の証言は次のとおり。

「彼はまったく口説いたりもしないし、言葉も多くありません。やさしく私の恋愛話に耳を傾けてくれるだけ……。でも、とても色気があるので、思わず『なんでそんなに色気あるんですか?』と聞いてしまいました。渋々、彼はこう答えました。『たくさん抱いてるから……』。『今も?』『今も(笑)』『何人くらい?』『今は４人かな……』

その言葉を聞いて、『私もその一人になってもいいかな』と思いました。でも彼は誘ってこないので、自分から仕掛けようと思っています」

行列の法則というものがある。ここまでくると「繁殖力のある魅力的なオス」としての希少価値が生じる。一度くらい〝そこに並んでみたいと思う女性〟がいるのは当然である。メスには本来〝優秀な繁殖力を持つDNA〟を摂取し、より優れた子孫を残す生態がある。有史以前の人間は〝優れた魅力的なオス〟だけを選び生涯何度か〝つがいになった〟という説もある。

■するべからず　～艶談とセクハラの境界線～

「色気がなぜあるのですか？」と聞かれて真剣に自画自賛するという行為はNG。例えば「金銭的にも余裕があるからじゃないかなあ」「美食家だからかなあ」「体を鍛えているからかなあ」と自分が「優れている」という前提でのコメント。ただの自慢に聞こえなくもなく、かつ聞いていても女性としてはまったく面白くもないのである。

其の四十三◆「肌合うよ」

肌相性に関する〝都市伝説〟を活用する

艶談川柳

「肌相性、占ってみせる、根拠なく」

■艶フレーズ実況中継

飲み友達である年上の男性から、「俺たち肌も合うよ、きっと……」と言われ、その先の想像が頭のなかに一気に広がり、大変でした（笑）。

■女性の証言解釈

「気になる飲み友達と飲みに行った時のこと。バーで腕が触れて……、そのあと再び腕を重ねられて『俺ら肌も合うよ、きっと…』と言われました。『そこで、え？　何それ？　やめてよ』と言わずに『ふーん、そうかあ～』と前向きリアクション。照れながら笑って、お酒をグビグビ飲んでしまいました」

彼女がなぜ酒を飲んだか？　それは強がる自分、プライドを維持しようとする自分をもっと酒で溶かし、もっともっと素直になるために他ならない。この一気飲みは30代女性が自分を素直にするための健気な工夫と言えるのである。ここでは女性に想像させたことが勝因となった。想像させて「まあ、ありかな……」なのか、「いや～、ないな……」なのか、想像の中で女性がジャッジできる点。これも互いの関係にとってリスクが少ないと言える。

▪するべからず　～艶談とセクハラの境界線～

距離感が詰まっていない、好意のサインが相手の女性から見られない。会って1回目などの状態で唐突に腕をすり合わせると、セクハラになる可能性大。もし拒まれたら何度もやらないこと。自由恋愛主義で奔放な恋愛習慣や、欲望に素直な側面が、会話の中で垣間見られる女性には功を奏す。逆に貞操が固く、生真面目な女性にはストレスしか与えない。「ノーが言えない女性」にもするべからず。好意でノーを言う気がないのか？　自己主張ができなくてノーが言えないのか？　その真意を慎重に、見極めるべし。男友達と二人で遊びに行く習慣がない、〝彼氏以外の男性とは友達にもならないタイプの女性〟などには不向きな方法。相手を見てパフォーマンスをしないと、取り返しのつかないことになる。

其の四十四◆「俺のものだから」

独占宣言

艶談川柳

「俺のもの！　冗談まじりに、言ってみる」

■艶フレーズ実況中継

「もう決めた！　俺のものにするから！（笑）」

■女性の証言解釈

付き合う付き合わないの話はないけれど、二人で会うこともしばしば。酔った勢いで手をつなぐこともありながら、決定的なことは何も起こっていない二人。実はこのフレーズ、相手の女性が「え？　待ってよ！　ただの友達だと思っているから……（笑）」と思っていたとしてもシャレが利く。あるいは「え？　なんでよ（笑）」「それは困ります（笑）」などと突っ込み返せる周波数のフレーズでもある。思い切りキュンとくるか、もしくは思い切り冗談として流すか、はっきりとスタンス作りできる便利な艶談フレーズ。

■するべからず　～艶談とセクハラの境界線～

女性が何度も断っていて、少々しつこさを感じているにもかかわらず「俺のもの」呼ばわりをするのは、彼女の恋路も邪魔するという意味でも大変迷惑。やはりこれも「相手からの好意のサイン」を必ず目視し、慎重にかけるべきである。もしお門違いよ！　的な態度をとられたら、ひたすら自分を笑い飛ばすことである。

4章

女性が欲する〝色気薫り立つ男〟になる

——言葉にできないデザイアを言語化する

「色ことば」が運の良い夜を連れてくる。空っぽの夜にサヨナラ

「仕事をしてストレスを抱えたまま家に帰って眠るだけの毎日」「仕事関係者と惰性で飲みにゆき、楽しくもない、利益にもつながらない酒を飲み、ストレスを溜めて帰宅し、眠るだけの日々」……これらはもっとも避けたい毎日の過ごし方である。

「このまま枯れて朽ち果てていくのではないか？」

そんな生活を続けていると、その想像どおりに、あなたの老いは加速する。やがては仕事を介さない女性や、初対面の女性、さらには今ドキの綺麗な女性と自然な会話ができなくなり、女性にいちいち構えてしまい、自分自身に対し「もどかしい」「くやしい」「みじめな」といった感情を抱くオヤジになってしまうのである。

女性との会話に消極的になったり、あるいは恐怖を克服するために力みすぎたり、

ウケをとろうとして不自然な会話になり、変な空気をつくってしまう。それがトラウマになり、無用なコンプレックスを抱くこともある。なかには美女に敵意を抱いたり、女性にモテる男性に嫉妬したり、負の塊になってしまうケースも珍しくない。

そうならないために、**誰か一人、女性の知り合いを誘って、カジュアルな艶談を仕掛けてみよう。**

口説けと言っているのではない。まずは一般的な恋バナをするだけでもいい。それだけでも十分な艶談の練習になるし、カジュアルに艶っぽい空気をつくることができる。これを心がけさえすればあなたはもう「空っぽの夜」を過ごさなくて済む。もちろん「身も心も渇いたオヤジ」にもならなくて済む。

その延長線上で、今度はどこそこに行こう！　となるやもしれない。艶を含みつつも下心のない、女友達になるやもしれない。「今度みんなで飲みましょうよ」「独身の男性を何人か連れて来てください」とリクエストをされるかもしれない。そうなればあなたの生活艶度は格段に上がる。空っぽの夜にサヨナラし、ワクワク人生の視界が広がる。「運の良い夜」がどんどん広がってゆくのである。

「寝かせ」の時期を経て、艶語は〝食べ頃〟を迎える

艶語は効き目がなかったかのように思えても、数日寝かしたあとに女心をくすぐり始めることがある。

あなたが呟《つぶや》いた艶《つや》フレーズを女性が思い出し、あなたの面影を思い返す。何度も何度も心のなかで再生されるうちに、彼女の中での存在が大きくなってゆく。

なぜこんなことが可能なのか？

艶談は「付き合ってほしい」という投げかけとは違い、「単なる女性への評価」を言葉にしたものであるから。

女性は決断を迫られたり、責任を感じたりせずに、ただただその言葉に酔いしれることができる。

自分のことを心地よくしてくれた殿方を思い出しながら、もっと言ってほしいという願望を抱き、「あの人と会うと心地がいい」「あの人と会うと自分に自信を持つことができる」「あの人の前で私は素敵な女性になれる」「もしかしてあの人は私に微量な恋心を抱いているのかもしれない」「恋の初期衝動のような感触を感じる――」などといった感情を何度も頭の中で再生する。

そういったさまざまな感情を抱き、その間、女性はあなたという男の「面影と魅力」をふんだんに感じ続ける。

あなたも女性がくれた艶フレーズを何度も思い出して過ごす。これでますます相手女性が魅力的な女性であるかのように思えてくる、こうして今を生きるための、拠り所が生まれるのである。

相手女性の反応が悪いからといって、むきになって更なる口説きの追い打ちなどをかけてはいけない。どう思っているか？　と、せっついてもいけない。放っておいたほうが女性は妄想の時間を楽しみ、艶談的戯《たわむ》れへの願望を強めるのである。

そして時を経た頃、ある大きな転機が訪れる。相手のすべての魅力を最も美しく言語化した艶語が「とどめ」の一撃となる。この熟成された言葉が女性の気持ちを完全に掴むのである。

放置、空白の後の第二段階。ミラクルな艶フレーズは、「寝かせ」の時期を経て生まれ来るのである。

破れた恋の痛み止め一式、この救急箱にお任せを

失恋には大きなショックが伴う。告白して叶わなかった場合は、針のような痛みである。長年の相手から振られた時は、全人格を否定された圧迫痛が伴う。そして離婚の痛みは体の半分を切り離されたようである。——そのどれもが心身を痛めつけ、人間の生活機能を不全にしてしまう。うつ病と医師から診断される場合もある。失恋はそれだけ深刻な「心の怪我」と言える。

そんなときにこそ、艶談が効く。複数の異性と艶談を楽しむことによって、心の痛みを麻痺させることができる。麻痺させられると書いたが、最初は完全に痛みを取り去ることは難しい。なかなか効かない麻酔のように、痛みの5％ないしは10％が麻痺する程度。それを毎週1回、2～3人の人と楽しむ生活を続けることによって、やが

て痛みのほとんどを麻痺させることができてしまう。

もちろん「最愛の人」を超える心の満足感には達することはない。しかし、痛みを感じたり、生きる気力がなくなったりといった「人間活動の機能不全」だけは免れられる。

極度の落ち込みの場合は、だれとも会わずに部屋に閉じこもり、心の修復を待つ方が良い。しかしそうやって命をつないだ後は、結局、行動しなければ幸せな未来は訪れない。〝生きなおし〟の行動のメニューの1つとして**「複数の異性との艶談コミュニケーション」による「痛み止めの応急処置」**をおすすめしたい。艶語を紡ぎだす時、脳が一瞬、恋愛状態に切り替わる。さらには相手から好意の感情が返ってきた瞬間、自信の自覚とともに快の感覚が脳裏を駆け巡るのである。これを繰り返すうちに**自分自身の価値を認識し始めることができる**。

さらにもうひとつ。現実的に将来の本命の恋人またはパートナー候補との接点が増え、そこに期待、希望を持てるようになる。破れた恋の痛み止め一式として艶談救急箱を活用してみてはいかがだろうか。

匂い立つ言葉が、〝どの夜〟に、出会いにゆくかを決定づける

艶談がその夜のストーリーを決める。どんな会話をするかによってその夜の流れも、育まれる二人の関係値も違ってくる。景色を変え、心に刻まれる想い出を変える。艶談の積み重ねが人生の景色すらも変えてしまう。

2軒目はできるだけ、艶っぽい行き先を提案してみよう。普通のレストランではなく「夜景が楽しめるカップルシートのバー」、あえての「遅い時間からの映画鑑賞」「薄暗い個室バー」「船上バー」などなど。「◎◎に行ってみません?」と、ただただシンプルに聞いてみる。その目的地が女性の心をくすぐれば、そして、あなたが生理的に嫌われてなければ、二つ返事で「いいですね」と返答が来る。

「あんなところ誘ったら嫌だって思われるかな……」そう思い込むのは男性の悪い癖

である。「さすがにホテル行く？」と聞かれたら、たとえ行く気があっても〝行く〟とは答えづらい。でも艶っぽい店ぐらいなら、イエスと答えやすい（都内在住・30歳・アパレル勤務の女性）」。つまりは〝店〟までは女性の意思をうかがって良いのである。

この行き先のチョイスは艶談の盛り上がりに乗じて提案すればいい。ボディタッチをしてきたり、「◎◎さんはモテるでしょ？」と言ってきたり、「今度△△行きましょうよ」と相手から言ってきたり、男としての魅力を認めるサインを見せたならば、2軒目の艶度をさらにあげて提案する。

艶談の達人は自分の艶やかな体験話を嫌味なくできる。そして「この人といるとそういう展開が楽しめるんだ」というイメージをさせる。「自分みたいな、ただのオヤジに疑似恋愛を仕掛けてきたマニアな女性もいたよ……。デートごっこを楽しんだよ（笑）」そんな自虐や、笑いに落とすくらいでいい。

さて、**モノを言うのが「艶店の情報量」**である。店情報がなければ2軒目にもスムーズにタクシー移動ができない。ネタがない方はネット検索やロケハンなどの準備をくれぐれも心がけることだ。

5人同時並行の艶談で恋のウォーミングアップを

一途過ぎる男性はモテない。

なぜモテないか？　もちろん相手から見てあなたが「ど真ん中」の場合は、話は別である。すぐに恋仲になるだろうし、初婚だろうが2回目だろうが、電撃結婚してしまう可能だってある。しかし、多くの場合はそうならない。

一目惚れなどにはほど遠く、やはり何度か会って好意を育ててゆくケースがほとんどである。つまりは相手があなたにまだ好意を抱き始める前から、頼まれてもいないのに勝手に一途になってはいけないということだ。

しかも恋人候補者がその女性1人しかいないというのはとても危うい。崖っぷちオーラが出てしまう。叶わぬ恋を必死で追いかける悲壮感のあるオーラが邪魔して、あなたの魅力は半減してしまう。しかも重い印象や、ストーカー予備軍のように誤解されかねない。

恋の予感のする女性とはすくなくとも3人～5人同時並行で会い、艶談を仕掛けるべきである。

もちろん本命を見つけたい独身の男性こそ、そうしたほうがいい。後がない人は必死になりすぎて、その結果うまくいかない。もっと**余裕を持ち、他の女性からのニーズもあり、市場価値がある男性であることをわからせたほうが断然、有利なのである。**

どのようにわからせるか?

間違っても自慢してはいけない。自慢などしなくても物腰や雰囲気で十分伝わるからだ。あるいは、「この前、女友達とご飯を食べたときに聞いたんだけど……」といったように会話の中にさりげなく〝女気（おんなっけ）〟を差し込めばいい。

5人同時並行で艶談を仕掛けたほうが、艶談にも余裕が出る。あなた自身に色気が醸し出される。1人に「もう会えません」と言われても、ショックは最小限で済む。一番つらいのは「この世のどの女性からも艶やかなコミュニケーションをしてもらえない状態になる」ということである。

よくあるのが、「仕事の打ち合わせでは会ってくれるが、プライベートでは会ってくれない。LINEの返信も事務的で線を引かれている」といった状態。この状態が独身男性にとっては、いちばん孤独であり、既婚者であっても「枯れた」ことを自覚する瞬間となってしまう。

同時並行で5人の女性と艶談リハビリを継続しよう。あなたの人生に艶やかな風が吹き続け、後悔のない人生を歩めるはずである。

愛の渦で窮屈な人こそ〝艶言葉〟で自由をリカバリ

あなたは交際相手やパートナーを縛りすぎていないだろうか？

仕事以外は全部パートナーとの時間に費やし、さらには相手の行動も縛ってしまう——行動範囲は狭まり、日々がルーティンと化している——心当たりがある人にこそ、「艶談」をおすすめしたい。

一途なのはよいことだが、その習慣が視野を狭くしたり、互いのイヤな部分が目につく原因となったり、喧嘩の原因を作ったりすることがある。あるいは相手にとってもあなたの魅力やありがたみを感じさせない原因となる。

そんなあなたにも「艶談」をおすすめしたい。

艶談を不特定多数の異性と楽しむことで、さまざまな女性の価値観や視点、さらに

は感性を学ぶことができる。これにより、多種多様な嗜好《しこう》や感性を身につけることができる。さらにはパートナーに寛容になることができ、その存在にもありがたみを感じることができる。新たな魅力を相手のなかに見いだすことも可能になる。

これまで一途にパートナーを愛すること主義に徹してきたことにより、それがかえって窮屈な空気をつくり出し、互いを苦しめる場面をつくり出してきた。そんな毎日が以前よりも風通しがよくなり、イライラ感も少なくなる。

さて、それでも一途を貫き通し、本命パートナーを幸せにすることだけに注力したい——そんなあなたにひと言。

さまざまな女性と仕事以外の会話で盛り上がり、そこで女性の本音を聞き出そう。どんな本音か？　それは彼氏やパートナーから何をされたら幸せか？　それをリサーチするということ。どうすればパートナーを幸せにできるか？　それをリサーチする場所に使おう。それにより「一途であるばかりに犯していた罪」「失っていた男としての魅力」に気付くことができるはずである。

他の女性とも会話をしたほうが、結果的にパートナーともうまくいくのである。

告白ばかりで胃もたれした彼女を救うのは、あなた

本気の告白ばかりが恋じゃない。本気の告白ばかりしていては、あなたの身がもたない。全部うまくいっても全員に股をかけることになるし、あやまらないといけない。悪い噂もたつし、トラブルが続けば仕事にも支障が生じる。嘘をつき続けるには労力がかかるし、全員とうまく付き合うには時間もお金もかかりすぎる。

どんなにモテる人でも、フラれるときはフラれる。そこそこモテる男でも、自分よりもモテる女性に連続して本気告白し、10回連続フラれることだってある。それでも本命を探すとなると、ますます妥協できなくなる。

本命の告白を直球で仕掛けすぎる人は、周囲の人間関係を疲弊させる癖があると

いっても過言ではない。

そうならないためにも「艶談」は効果的だ。異性に対し友人のスタンスのまま、決定的な告白や交際の申込みをせずに、女性としての魅力や色気を感じさせ、あとは相手がどう出るかを試すことができるからだ。

さらに言えば、本命志望なのか？　遊び志望なのか？　友達以上恋人未満志望なのか？　相手の出方から好きなメニューを選ぶことができる。本命候補を最終的に選抜することを目論むにしても、1点賭けをして失敗し、女性のツテがゼロになることを免れることができる。

ストーカーまがいにモンスター化した元カレから、やっと逃れられた女性であればしばらく誰かに縛られたくない。彼女の場合、艶談をかわしながら自由に複数から恋の予感を摂取するくらいのほうが心地いいのだ。

艶談は好みではない男性からの告白ばかりで胃もたれした女性を救うことにもつながるのである。

艶談がたった一夜を永遠に引き延ばす

あらゆる関係に発展するのが「艶談」の効能の一つと言える。

艶談のち友情、大人の恋、サプリメントな関係、性別を超えた絆、腹を割って話せるビジネスパートナーなどなど、艶談の先にはレインボーカラーの男女関係が待っている。なぜそんなことが可能になるのか？

それは艶談が「人間の本能の反応」をそのまま素直に表現し、相手に伝える会話であるからに他ならない。「本能に根ざした言語表現」には相手の心をも開く力が宿る。

コンプライアンス優先の時代においては、多くの大人の会話が「何事もなく」「トラブルなく」「相手に失礼なく」「慣れ慣れしくならず」「プライベートに踏み込まず」

におこなわれる。

しかし、それも行き過ぎると、人間の心に退屈さの雲をかけてしまう。何の味もしない、何の共感もない、無味乾燥な時間だけが流れる。

当然、その縁はそれきり。今生ではもう会うこともない。日々の生活のなかで、それが当たり前となり、同じコミュニティにいる人とさえ、機械的な話しかしない人も大勢いる。男女間のトラブルへの恐怖から、女性に本人の魅力を伝えることすらしない。そんな殿方も増えてきた。

こんな乾いた時代だからこそ、この艶談をうまく駆使して、男女互いが心地よくなるような会話を楽しんで欲しい。


女性から投げかけられる「艶やかなお誘い」は、決して逆セクハラにはならない。その証拠に「男性がセクハラを訴え」などというニュースは聞くことがない。女性にも願望や欲望はあり、現に女性から仕掛ける艶話はそこらじゅうに存在している。それらを抑制のなかで、女性から品よく引き出す――これぞ艶談の役目と言える。

さあ次はあなたの番だ。ご時世にあった「大人の男女間コミュニケーション流儀」

を駆使して日々を艶やかに、丁寧に生きていただければ幸いである。

「やっておけばよかった――」

人生のエンディングで、そんな後悔をしないように日々を愉しんでみてほしい。

著者紹介

潮凪洋介　エッセイスト。講演家。イベントプロデューサー。“人生100年時代の仕事革命×恋愛革命”をテーマに執筆・講演。「国民１人に１つの“社外ライフワーク（パラレルワーク）”を」を目指し、「誰もが社外でもう１つの“好きで得意な社会活動”を楽しむ世の中づくり」を推進している。『「男の色気」のつくり方』(あさ出版)、『「選ばれる男」の条件』(小社刊)など著書多数。ライフワーク・クリエイト協会理事長、株式会社ハートランド代表取締役。早稲田大学社会科学部卒。
本書は、男性との会話のどこに色気を感じるかを徹底調査。100人の女性の証言をもとに、思わず、もっと一緒にいたくなる雰囲気を作りだす艶フレーズをセクハラにならない注意点とともに解説する。

100人《にん》の女性《じょせい》が語《かた》った！
もっと一緒《いっしょ》にいたい大人《おとな》の男《おとこ》の会話術《かいわじゅつ》

2018年7月1日　第1刷

著　者　潮《しお》凪《なぎ》洋《よう》介《すけ》
発行者　小澤源太郎

責任編集　株式会社 プライム涌光
電話　編集部　03(3203)2850

発行所　株式会社 青春出版社
東京都新宿区若松町12番１号 〒162-0056
振替番号　00190-7-98602
電話　営業部　03(3207)1916

印刷　共同印刷　　製本　フォーネット社

万一、落丁、乱丁がありました節は、お取りかえします。
ISBN978-4-413-23092-6 C0030

100歳まで歩ける
「やわらかおしり」のつくり方
磯﨑文雄

ここ一番のメンタル力
小心者思考 その強さの秘密
最後に勝つ人が持っているものは何か
松本幸夫

「ことば力」のある子は必ず伸びる！
自分で考えてうまく伝えられる子の育て方
髙取しづか

中学受験
見るだけでわかる社会のツボ
馬屋原吉博

男の婚活は会話が8割
「また会いたい」にはワケがある！
植草美幸

青春出版社の四六判シリーズ

変わる入試に強くなる
小3までに伸ばしたい「作文力」
樋口裕一 白藍塾

防衛大式 最強のメンタル
心を守る強い武器を持て！
濱潟好古

マンガでよくわかる
逆境を生き抜く「打たれ強さ」の秘密
岡本正善

中学受験は親が9割 最新版
西村則康

100人の女性が語った！
もっと一緒にいたい 大人の男の会話術
言葉に艶がある人になら、口説かれてもいい
潮凪洋介